本书得到湖北省示范思想政治理论课教学基地（黄冈师范学院）和黄冈市党内法规研究中心经费资助，系黄冈师范学院 2020 年度"习近平新时代中国特色社会主义思想研究"专项课题"新时代'纲要'课教学落实立德树人根本任务的路径研究"（项目编号 202007203）成果和黄冈市党内法规研究中心 2021 年度课题"鄂豫皖苏区时期（1929—1932）党的制度建设研究"阶段性成果。

立德树人视域下
"中国近现代史纲要"教学研究

缪小勇　著

重庆出版集团 重庆出版社

图书在版编目(CIP)数据

立德树人视域下"中国近现代史纲要"教学研究 /
缪小勇著 . -- 重庆 : 重庆出版社 , 2021.12
ISBN 978-7-229-16392-1

Ⅰ.①立… Ⅱ.①缪… Ⅲ.①中国历史—近代史—教
学研究②中国历史—现代史—教学研究 Ⅳ.① K25

中国版本图书馆 CIP 数据核字 (2021) 第 270986 号

立德树人视域下"中国近现代史纲要"教学研究
LIDE SHUREN SHIYU XIA " ZHONGGUO JINXIANDAI SHI GANGYAO "
JIAOXUE YANJIU

缪小勇　著

责任编辑：袁婷婷
责任校对：何建云
装帧设计：优盛文化

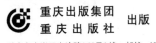 **重庆出版集团**
重庆出版社 出版

重庆市南岸区南滨路162号1幢　邮编: 400061　http://www.cqph.com
三河市华晨印务有限公司
重庆出版集团图书发行有限公司发行
E-MAIL: fxchu@cqph.com　邮购电话: 023-61520646
全国新华书店经销

开本: 710mm×1000mm　1/16　印张: 11.5　字数: 206 千
2022年2月第1版　2022年2月第1次印刷
ISBN 978-7-229-16392-1

定价: 58.00元

如有印装质量问题，请向本集团图书发行有限公司调换: 023-61520417

C 内容介绍
Introduction

　　本书属于"中国近现代史纲要"教学方面的著作，从总体上叙述了"纲要"课程的由来、定位和基本框架，探讨该课程在塑造大学生正确世界观、人生观、价值观，从而实现立德树人根本任务的重要意义，并从加强支持体系建设、精心选用史料、采用多元化教学方法、拥抱互联网技术以及开展丰富而实效的社会实践活动五个方面探讨落实立德树人根本任务的具体路径，即通过教学的主导（教师）、主体（学生）、线上线下两个阵地、丰富多彩的实践活动等来实现立德树人的根本任务。本书适合"中国近现代史纲要"的教学者和研究者参阅。

P前言
reface

　　党的十八大报告指出："要坚持教育优先发展，全面贯彻党的教育方针，坚持教育为社会主义现代化建设服务、为人民服务，把立德树人作为教育的根本任务，培养德智体美全面发展的社会主义建设者和接班人。"党的十九大报告进一步指出："要全面贯彻党的教育方针，落实立德树人根本任务。"这一重要论述，明确了教育目的与使命，为人才培养指明了正确的方向。

　　"中国近代史纲要"（以下简称"纲要"）作为高校一门思想政治理论必修课程，是加强高校思想政治工作的重要阵地，是开展马克思主义理论教育、宣传党和国家路线方针政策的主渠道之一。在中国近现代历史发展进程中，中国人民所经历的屈辱、求索与不懈奋斗，蕴含着极其丰富的立德树人资源，在立德树人的教育路径上有着独特的优势。因此，积极探究"纲要"课落实立德树人的科学路径，对增强"纲要"课教学实效，提高大学生思想政治素养具有深远的意义。

　　本书共分六章。第一章为"纲要"课程概述，主要包括"纲要"课程的由来和定位、"纲要"教材的基本框架、"纲要"课程对青年大学生价值观培育及践行的意义，以及"纲要"课程对立德树人任务的落实解析；第二章至第六章，通过详细阐述加强支持体系建设、精心应用史料、采用多元化教学方法、拥抱互联网技术以及开展丰富而高效的社会实践活动，探讨"纲要"课落实和强化立德树人根本任务的具体路径。

　　本书兼具理论性与实践性，适合"纲要"的教学者和研究者参阅，也可作为学生学习"纲要"课程的辅导用书。

C目录
Contents

绪论

一、立德树人概述

（一）立德与树人的词源

中国优秀传统文化极其重视立德树人，很早就有立德树人的论述。"立德"，从词源上讲，可追溯到先秦"三不朽"之说，即《左传·襄公二十四年》中"太上有立德，其次有立功，其次有立言，虽久不废，此之谓不朽。"[①]意思是，人生最高的境界是立德有德、实现道德理想，其次是事业追求、建功立业，再次是著书立说、传承文化。"树人"从词源上讲，出自《管子·权修》："一年之计，莫如树谷；十年之计，莫如树木；百年之计，莫如树人。"[②]"百年树人"强调培养高素质人才"一树而百获"的重大意义，是治理国家的头等大计。

（二）立德的内涵

立德，就是树立德业，培育高尚良好的道德品质。在今天中国特色社会主义新时代，立德应该包括培育政治品德、社会公德、职业道德、家庭美德、个人品德。政治品德，是调节和调整人们的政治关系及政治行为的道德规范及准则的总和，表现为政治信仰、政治立场、理想信念、国家观念、集体观念、宗旨意识、群众意识、全局意识等。社会公德是生活在社会中的人们为了维护群体的利益而约定俗成的应该做什么不能做什么的行为规范。社会公德建设主

---

① 左丘明.左传·襄公 [M].北京：中华书局，2012:210.

② 黎凤翔.管子校注 [M].北京：中华书局,2004: 55.

要包括遵纪守法、文明礼貌、助人为乐、爱护公物、保护环境等。职业道德是与人们的专业活动相联系的符合专业特点要求的道德准则、道德情操和道德品质的总和，是一般社会道德在职业生活中的具体体现。职业道德建设主要包括爱岗敬业、诚实守信、办事公道、热心服务、奉献社会等。家庭美德，是指人们在家庭生活中调整家庭成员间关系、处理家庭问题时所遵循的高尚的道德规范，它涵盖了夫妻、长幼、邻里之间的关系。家庭美德建设的内容主要包括尊老爱幼、男女平等、夫妻和睦、勤俭持家、邻里团结等。个人品德是人们依据一定的社会道德准则和规范行动时，对他人、对周围事物所表现出来的稳定的思想及行为倾向。个人品德建设主要包括友善互助、正直宽容、明礼守信、热情诚恳、自立自强等。

（三）树人的内涵

树人，就是培养、造就有用人才。在中国特色社会主义新时代，树人包括培养有远大坚定理想的人、有健全心理人格的人、有过硬实践能力的人、有突出创新本领的人、有良好行为习惯的人。培养远大坚定理想的人，就是要培养有坚定共产主义理想信念的人，他能够以天下为己任，把个人与国家与民族紧密联系在一起，积极投身于中国特色社会主义建设，把我国建设成为富强民主文明和谐美丽的国家，早日实现中华民族伟大复兴。培养有健全心理人格的人，就是要培养学生积极的心理品质和乐观向上的品格，追求真善美，悦纳自我和善待他人，逆境中不垂头丧气怨天尤人，顺境中不趾高气扬得意忘形。培养有过硬实践能力的人，就是要培养专业知识扎实、专业能力突出、能为民解决实际问题的人。培养有突出创新本领的人，就是要培养有创新意识，能够融会贯通、综合运用知识解决复杂问题的人，能把认识推向前进的人。培养有良好行为习惯的人，就是要培养心有所畏行有所止的人，做到遵纪守法、惜时进取、积极主动、勇于任事等等。

（四）立德与树人的关系

立德树人，以德为先。育人先育德，育德先铸魂。从横向讲，德包括政治品德、社会公德、职业道德、家庭道德和个人品德；从纵向讲，德包括认知、情感、意志、信念和行为（其中，认知是前提，情感是动力，意志是关键，信仰是核心，行为是外在表现形式）；从层次上讲，就是国家的德、社会的德、个人的德。国无德不兴，讲的是国家靠德来兴，有德则兴盛无德则衰落。人无德不立，意思是人要靠德来立身于社会，有德则立无德则倒。可见，人的德是与国家的兴衰存亡联系在一起的，立什么德决定着成为什么样的人，有什么样的人决定着建成一个什么样的国家。有人说，人就是一个袋子，袋子装满东西，袋子才能立起来，如果袋子是空的，它就瘫倒在地上；如果袋子装的是脏东西坏东西，它就会烂掉。人只有装满良好的道德，他才能立得稳立得久立得好。

立德与树人的内涵虽然不同，但两者有着不可分割的联系，是一个有机整体。立德是树人的前提，是树人的根本。只有先立德然后才能树人，不立德就难以树人；立德是为了树人，离开了树人，立德就失去了方向，也就成了毫无意义的事情；立德才能树人，立什么德决定树什么样的人，树什么样的人才能成就什么样的事，即俗话说的先做人后做事。树人是立德的结果，是立德的归宿，树什么样的人取决于立什么样的德，树人的过程是由立德的过程决定的，立德的质量决定树人的质量。总之，立德与树人是一个相互联系的整体。

二、立德树人是教育的根本任务

培养什么样的人、如何培养人，为谁培养人，是教育要回答的根本问题。党的十八大报告一锤定音，首次提出"把立德树人作为教育的根本任务"。"立德树人"抓住了教育的本质要求，明确了教育的根本使命，符合教育规律和人才培养规律，进一步丰富了人才培养的深刻内涵。落实立德树人根本任务，是我国高等教育事业不断取得新发展的关键所在，也是实现高质量发展、建设中国特色社会主义教育强国的必然要求。中华人民共和国成立特别是改革开放以来，我国高等教育走出了一条特色鲜明的发展道路，坚持为党育人为国育才，源源不断地为改革开放和社会主义现代化建设提供人才资源和智力支撑。中国特色社会主义进入新时代，高等教育要全面贯彻党的教育方针，就必须紧扣立德树人根本任务，努力构建德智体美劳全面培养的教育体系，形成更高水平的人才培养体系，培养更多德智体美劳全面发展的社会主义建设者和接班人。

目前，中国发展已经进入了新的阶段，高校要继续大力推动思想政治理论课改革创新，大力推进立德树人根本任务的落实落细。首先，理直气壮开好思政课，用习近平新时代中国特色社会主义思想铸魂育人，按照"八个相统一"①的要求，不断增强思政课的思想性、理论性和亲和力、针对性。其次，全面推进课程思政建设。课程思政是落实"使各类课程与思想政治理论课同向同行，形成协同效应"重要论述的重要举措，是全面落实立德树人根本任务的战略举措，也是全面提高人才培养质量的重要任务。要通过开展课程思政建设，让高校、教师都承担好育人责任，守好一段渠、种好责任田。再次，不断提升日常思想政治教育实效性。日常思政是课堂外开展思想政治教育的重要阵地。要坚持围绕学生、关照学生、服务学生，遵循思想政治工作规律和学生成长规律，因事而化、因时而进、因势而新，不断增强学生文明素养、社会责任意识、实践本领，培养德智体美劳全面发展的社会主义建设者和接班人。

三、"纲要"课落实立德树人根本任务的基本思路

为了加强和改进高等学校思想政治理论课程教学，我国普通高等学校各专业本科阶段从2006年9月试点开设"中国近现代史纲要"课（以下简称"纲要"课），2007年9月全面推开。"纲要"课是一门整体展现近现代中国历史发展进程和规律的思想政治理论课程，兼备思想政治理论课和历史课的特点。通过学习这门课程，学生能够更好地了解1840年以来的国史、国情，深刻领会历史和人民怎样选择了马克思主义、选择了中国共产党、选择了社会主义、选择了改革开放，懂得红色政权来之不易、新中国来之不易、中国特色社会主义来之不易、今天的幸福生活来之不易，深刻领会中国共产党为什么能、马克思主义为什么行、中国特色社会主义为什么好，坚定只有中国特色社会主义才能发展中国才能实现中华民族伟大复兴，增强中国特色社会主义的道路自信、理论自信、制度自信、文化自信。

高校"中国近现代史纲要"这门课程，内容涵盖旧民主主义革命、新民主主义革命、社会主义革命建设改革和中国特色社会主义新时代，时间跨度近200年。鸦片战争甲午战争的惨败和八国联军侵华的耻辱令人痛心疾首，恨

① "政治性和学理性相统一，价值性和知识性相统一，建设性和批判性相统一，理论性和实践性相统一，统一性和多样性相统一，主导性和主体性相统一，灌输性和启发性相统一，显性教育和隐性教育相统一"见习近平主持召开学校思想政治理论课教师座谈会强调：用新时代中国特色社会主义思想铸魂育人，贯彻党的教育方针，落实立德树人根本任务[N].人民日报，2019-03-19（1）.

不得攘臂而起；革命新道路的开辟、亘古未有的长征和抗日战争的胜利，让我们感佩中国共产党人的初心和使命及气冲云霄的英雄气概；两弹一星升空、中国特色社会主义道路的成功开辟和伟大成就、中国特色社会主义进入新时代让我们扬眉吐气；林则徐、孙中山、毛泽东、邓小平等众多伟人英雄百折不回彪炳千秋的光辉事迹让我们感慨万千……这些重大历史事件和历史人物事迹，蕴含着极其丰富的立德树人资源，在立德树人的教育路径上有着独特的优势。因此，广大"纲要"课教师应该加强探索、研究，采取多种措施切实落实立德树人这一根本任务，培养德智体美劳全面发展的中国特色社会主义建设者和接班人。具体来说，笔者认为应做好以下几点：

第一，加强支持体系建设。主要从学科支持、学校支持以及社会支持三方面进行重点建设。首先，"纲要"这一课程与中学历史课、大学历史课之间有一定的衔接，也有一定的区别，中学的历史课程传授的是基本的历史知识和历史线索，"纲要"课从更深层次上探讨历史理论和历史规律。因此，学校和教师应当充分了解这些区别，做好教学衔接工作。另外，"纲要"与"中国近现代史基本问题研究"这一学科也有很密切的联系，这一学科是马克思主义理论一级学科下所设的一个二级学科，其内容比"纲要"课的内容大、宽、深。"纲要"课是"中国近现代史基本问题研究"学科建设的一个方面，作为高校思想政治理论课之一，凸显的是"资政育人"的功能。因此，在完善"纲要"课程建设的同时，需要做好"中国近现代史基本问题研究"学科建设工作。其次，任何一门学科的建设与发展都离不开学校强有力的保障条件，"纲要"这一学科也不例外，高校要实现从强调外部评估保障教学质量转向满足教学发展需求，提升教学质量的转变，要重视制度创新，提高教学支持服务体系的专业化与制度化，同时还要加强信息技术建设，为大学生参与科技创新活动搭建科技创新平台，重视图书馆信息资源建设与管理。再次，要加强教师支持服务，教师是落实立德树人根本任务的主体，他们素质的高低、能力的强弱直接关系到立德树人的实际成效，因此应切实提高教师教学水平与能力、提高教师的综合素养。最后，社会对"纲要"课程的支持也必不可少，政府、家庭以及企业等社会支持体系是提高教学实效的保证，是教学研究得以顺利进行的重要补充条件，应进一步完善社会支持体系。

第二，在教学过程中加强史料的应用。加强史料的应用，可以帮助学生掌握历史工具，全面提升史学素养，培养学生家国情怀，使其自觉担负起时代的使命。以史料教学为基本方法，可以帮助学生树立正确史观，掌握历史唯物主义，以应对历史虚无主义的挑战。以史料教学为基本手段，培养学生学习历史的兴趣，增强学生的历史事实辨识能力。由于"纲要"这门课程既是一门思想政治课，又兼具历史学的学科特征，因此将各种史料引入课堂，使学生从历史证据中建构过去，梳理历史逻辑——历史的因果关系和历史的规律，增强学生认识和分析历史的能力，使他们能够使用科学的历史观分析和评价历史问题、辨别历史是非和社会发展方向，从而达到思想政治教育的目的。

第三，采取多元化教学方式开展"纲要"学科的教学，例如专题教学法、互动教学法、情境教学法、案例教学法等。专题教学法具有很强的针对性和实效性，通过这种方式教学能够帮助学生更好地梳理课程内容，将繁缛的历史过程去粗取精，将党和国家的新政策、反映时代精神的内容、大学生所关心的问题等与教材进行有效融合，从而有利于坚定学生正确的政治方向，达到思政教育的目的。互动教学法使得传统的教师单向灌输方式转变为了师生间的双向交流，在教学双方平等交流探讨的过程中达到不同观点的相互碰撞交融，进而激发教学双方的主动性，从而提高教学效果。情境教学法根据教学内容创设相应的教学情境，能够有效烘托教学氛围，让学生自主参与到课堂探究活动中，使学生掌握知识的同时，增强学生的情感体验。案例教学法是通过典型的案例进行教学，在案例教学法中，学生可以通过不同的角度、不同的方法、不同的侧面、不用的思路来发现不一样的答案，从而得出多元化的结论。并且很多案例都是与实际生活相结合的，学生能够在案例学习中了解生活、感悟生活、体验生活，对于"纲要"课程来说，通过选取经典案例、再现历史情境，有利于学生深刻了解国史、国情。

第四，积极使用互联网技术落实立德树人根本任务。科学技术的迅猛发展使得互联网技术成为高校教育教学的重要载体，对于"纲要"课程教学来说，应当充分利用互联网技术完善课程教学资源库建设，这符合时代发展要求，也与国家对高校思政课的要求相吻合。另外，当今的学生成长在互联网时代，他们对传统的填鸭式教学方式并不感兴趣，这也要求"纲要"课程教学必须利用互联网技术进行课堂创新，例如应用短视频、影视作品等开展教学，以此提高课程的趣味性和互动性。由于"纲要"课程讲述的历史跨越三个世纪，内容非常多，教师很难在有限的课堂时间内将课堂教学内容的背景进行充分详细的介绍，因此，采用翻转课堂的教学形式，让学生在课堂外的时间观看教学视频，打破了学习时间的限制，扩展了课堂的场域。在互联网快速发展的背景下，"互联网 +"如今已经成为一种新业态，在这样的社会环境中，高校"纲要"课程教学应当利用互联网带来的便利，进行教学方法、教学机制、网络育人环境的创新与改革，构建符合"互联网 +"时代要求的教学模式。

第五，重视实践教学。"纲要"是一门理论性、实践性都比较强的学科，"纲要"课实践教学是课堂教学的必要延伸，也是检验课堂教学效果的重要依据。因此，应当将实践教学与理论教学有机结合，通过带领学生开展各类实践活动，例如联系建党 100 周年等重大历史纪年时节举办知识竞赛；组织学生观看《长征》《建国大业》《我和我的祖国》等爱国主义影片；请专家学者进行近现代史方面的学术报告等，加深学生对所学知识的理解，增强学生的爱国情怀。

总之，"中国近代史纲要"作为全国高等学校本科必修的思想政治理论课，是学生认识近现代中国社会发展和革命、建设、改革的历史进程及其内在的规律性，了解国史、国情，开展马克思主义教育的重要渠道。该课程其对落实立德树人这一根本任务具有重要的推动作用，因此，广大"纲要"课教师应当加强"中国近代史纲要"的教学改革，创新"纲要"课程落实和强化立德树人根本任务的具体路径，为培养德智体美劳全面发展的中国特色社会主义建设者和接班人贡献自己的力量和智慧。

第一章 "纲要"课程概述

　　"纲要"作为高校一门思想政治理论必修课程，是加强高校思想政治工作的重要阵地，是开展马克思主义理论教育、宣传党和国家路线方针政策的主渠道。在中国近现代发展历程中，中国人民所经历的屈辱、求索与不懈奋斗，蕴含着极其丰富的立德树人资源，在"立德树人"教育路径上有着得天独厚的优势。因此，积极探究"纲要"课落实立德树人根本任务的科学路径，对提升"纲要"课教学实效，增强大学生思想素养具有深远的战略意义。

　　本章主要包括"纲要"课程的由来和定位、"纲要"教材的基本框架、"纲要"课程对青年大学生三观培育及践行的意义以及"纲要"课程对立德树人任务的落实解析。

第一节 "纲要"课程的由来和定位

一、"纲要"课程的由来

（一）"纲要"的概念

何谓"纲要"？

中国近现代史，是指 1840 年以来中国的历史，就其主流和本质来说，是中国一代又一代的仁人志士和人民群众为救亡图存和实现中华民族的伟大复兴而英勇奋斗、艰苦探索的历史；尤其是全国各族人民在中国共产党的领导下，进行伟大的艰苦斗争，经过新民主主义革命，赢得民族独立和人民解放的历史；经过社会主义革命、建设和改革，把一个极度贫弱的旧中国逐步变成一个繁荣昌盛、充满生机和活力的社会主义新中国的历史。这段话表明，中国近代史，就是求得民族独立和人民解放；中国现代史，就是实现国家的繁荣富强和人民共同富裕。这就是鸦片战争以后中华民族面对的两大历史任务。

所谓"纲要"，即大纲要领。南北朝时期南朝刘勰《文心雕龙·诸子》："然洽闻之士，宜撮纲要，览华而食实，弃邪而采正。"《魏书·殷绍传上》四序堪舆表："寻究经年，粗举纲要。"中国近现代史的"纲"就是历史的主题，就是两个历史任务；"要"就是历史发展过程中的要点，即中国革命、建设和改革。

概言之，所谓中国近现代史纲要，就是对1840年以来为实现中华民族两大历史任务的历史进行概括的论述。

（二）"纲要"课程的开设原因

我国高等学校为什么要开设"纲要"课，为什么本科的学生还要学习中国近现代史呢？我国是一个有着悠久史学传统的国家，丰富的史学遗产为世界罕见。德国哲学家黑格尔说："中国'历史作家'的层出不穷，连续不断，实在是任何民族所比不上的。"[①] 梁启超也说："中国于各种学问中，唯史学为最发达。史学在世界各国中，唯中国为最发达。"[②] 也就是说，我们中华民族拥有巨大的历史知识宝库。那么，怎样从历史中汲取智慧呢？我们的先辈，尤其是中国共产党人都有过很多精彩的论述。

1.重视历史的学习与研究，是中华民族的优良传统

汉代的历史学家司马迁说："究天人之际，通古今之变，成一家之言。"（大意是，推究天道或自然与人的关系，通贯古今变化之规律，建立自成一家之学说）到盛唐时期的历史学家刘知几的"史之为用，其利甚博，乃生人之急务，为国家之要道"（大意是史的作用，好处非常之广，它是人民最急需的事情，是国家的重要事务），再到晚清的思想家龚自珍的"出乎史，入乎道，欲知道者，必先为史"（大意是从史突出，从大道入，要想懂得大道，必须先研究历

---

① 黑格尔.历史哲学[M].北京：生活·读书·新知三联书店，1956：161.

② 梁启超.中国历史研究法[M].北京：东方出版社，1996：11.

史），治史的重要性，他们作出了中肯的说明。

2.重视历史的学习与研究，是中国共产党的优良传统

中国共产党诞生于外忧内患，风雨飘摇的旧中国，她的成立受时代环境的影响，是中华儿女受压迫的产物，也为中国人民以及世界人民解放斗争的胜利带来了希望。伟大的革命先烈们前赴后继，不屈不挠，抛头颅，洒热血，付出了巨大的牺牲才换来我们今天的幸福生活。这样的历史值得我们每一个人铭记和深思。毛泽东因此强调中共党员要懂得中国的历史，特别是鸦片战争以来的中国近百年史和中国共产党的历史。因为广大中共党员只有认识和学习到了国人和先烈们在历史上受过的屈辱和磨难，才会倍加珍惜现在的美好生活。学习中国近现代史，还能认识和理解近现代中国社会发展的规律。中国近现代史是一部中国人民从苦难里奋起抗争，并逐步走向胜利的历史。近代以来，中国人民先后通过改良封建主义统治、开展旧式的农民战争和资产阶级革命等途径来反抗阶级压迫，但都没有得到想要的结果。万幸，中国共产党带领中国人民推翻了帝国主义、封建主义和官僚资本主义三座大山的统治，彻底改变了中国人民的命运。而当前，我们比历史上的任何时期都接近中华民族伟大复兴的目标，共产党员们也更加深刻地认识到人民选择中国共产党的必然性，并更加坚定不移地相信和拥护党的领导，贯彻执行党的方针政策，有决心为中华民族的伟大复兴奋斗终生。

除此之外，中国共产党是中华民族优秀传统文化的拥护者、继承者和发展者。"中华文明绵延数千年，有其独特的价值体系"，这一价值体系，主要体现在中华民族的优良传统和精神品德中。中国共产党尊重和珍惜自己这些优良传统和历史文化，能够从中汲取营养，培养自己的文化自信，提高自己的文化素养。

最后，中华民族5000年的历史蕴含着许多大智慧，其中也有很多值得学习和借鉴的地方。中国共产党高度重视从历史的发展进程中学习治国利民之道。习近平同志强调："要治理好今天的中国，需要对我国历史和传统文化有深入了解，也需要对我国古代治国理政的探索和智慧进行积极总结。"① 今天的中国是昨天的中国发展的成果，今天发生的事情在昨天可以找到原因。历史总会

① 习近平.牢记历史经验历史教训历史警示，为国家治理能力现代化提供有益借鉴[N].人民日报，2014-10-14（01）.

重复上演，无论好坏。只有认真学习和总结历史，才能利用前人的经验和智慧避免犯重复的错误，分析当前的问题，解决当前的问题。也只有了解了中国的历史和文化，特别是近代中国的历史和文化，才能全面把握当代中国的社会状况，了解当代中国人民的愿望和需求，并逐步把握中国人民选择的发展道路。

3. 重视历史的学习与研究，是培养造就中国特色社会主义事业建设者和接班人的需要

实现全面建设小康社会的宏伟目标，建设中国特色社会主义，需要一代又一代的中华儿女为之不懈奋斗。大学生是祖国未来的社会主义建设者、各条战线的主力军，他们必须了解中国的国情，不仅要了解中国的今天，还应当了解中国的昨天和前天。

正基于以上理由，国家教育部一直把历史作为高等学校思想政治理论课必修课之一来设置，只不过不同的历史时期课程的名称不同而已。

（三）"纲要"课程的发展变迁

1949 年 10 月 1 日中华人民共和国的成立，揭开了中国历史的新篇章。新中国成立之初，我们国家主要是完成民主革命的遗留任务。与此相适应，在高校中对学生进行新民主主义理论教育理所当然地成为一项十分重要的内容。10 月 8 日，华北人民政府高等教育委员会颁布的《华北专科以上学校 1949 年度公共必修课过渡时期实施暂行办法》和《大学专科学校文法学院各系课程暂行规定》中，分别把"新民主主义论"等 3 门课程规定为必修课程。

经过一年的教学实践，1951 年 9 月 10 日，教育部就政治课问题向华北区各高等学校发出指示，讲授"新民主主义论"，要尽可能地联系中国革命的实际、建设的实际和学生的思想实际，防止发生教条主义的偏向。

1953 年 6 月 17 日，高等教育部颁发了《关于改"新民主主义论"为"中国革命史"及"中国革命史"的教学目的和重点的通知》，将高等学校一年级开设的"新民主主义论"一律改为"中国革命史"。该通知列出了讲授这门课的八个方面的重点和要求，强调通过该课程对学生进行爱国主义思想教育、爱国爱党教育，尤其要说明"新民主主义社会的过渡性，其前途必然是社会主义和共产主义，以加强学生的革命前途教育"。

1956 年，社会主义改造基本完成，中国进入了全面建设社会主义的历史阶段。为了适应社会主义建设的需要，加之 1957 年的反右派运动，在 1957—1960 年间，高校马克思主义理论课程只开设了一门课程即"社会主义教育"，

原来的课程一律停开。

1961年4月，中共中央宣传部（以下简称"中宣部"）和教育部在北京召开了高等学校文科教材编选计划会议，制定了《改进高等学校共同政治理论课程教学的意见》。规定文科专业、哲学理工农医专业和艺术、体育院校开设"中共党史"等课程。20世纪60年代中期以后，毛泽东强调阶级斗争问题，认为在整个社会主义历史阶段资产阶级都将存在和企图复辟，并成为党内产生修正主义的根源，加上中苏之间的大论战，使得这一时期政治课的主要内容体现了反修防修的历史特点："中共党史"课以党内两条路线斗争为中心。1966年，"文化大革命"爆发，高等学校停止招生。1970年6月，中共中央批准了《北京大学、清华大学关于招生（试点）的请示报告》，实行群众推荐、领导批准和学校复审相结合的办法，高等学校恢复招生，规定政治课以毛泽东著作为指导。此后的一段时间里政治课教学完全成了政治运动的附属物。

1978年12月，中共中央召开十一届三中全会，我国进入改革开放和社会主义现代化建设的新时期。改革开放40多年来，思想政治理论课改革经历了三个阶段，出台了三个方案。

"85方案"阶段（1978—1997年）：1980年7月7日，教育部制定并印发了《改进和加强高等学校马列主义课的试行办法》，规定本科生开设"中共党史"等课程。1985年，中共中央发出《关于改革学校思想品德和政治理论课程教学的通知》（简称"18号文件"），强调高等学校要进行以中国革命史为中心的历史教育等内容。根据"18号文件"要求，1986年3月20日，国家教委发出《关于在高等学校进一步贯彻〈中共中央关于改革学校思想品德和政治理论课教学的通知〉的意见》，把"中共党史"课改为"中国革命史"课。此后，1997年，国家教委提出了《关于普通高等学校"两课"课程设置的若干意见》（征求意见稿），把"中国革命史"课又改为"中国革命的理论与实践"课。

"98方案"阶段（1998—2005年）：1998年4月23日，中央政治局常委开会讨论国家教委提出的课程方案。6月10日，中宣部、教育部印发《关于普通高等学校"两课"课程设置的规定及其实施工作的意见》的通知，正式规范了"两课"课程新方案，原有的"中国革命的理论与实践"的有关内容融合到了"毛泽东思想概论"和"邓小平理论概论"的课程中。

"05方案"阶段（2006年以来）：2004年8月26日，中共中央、国务院《关于进一步加强和改进大学生思想政治教育的意见》（简称"16号文件"）。根据

"16 号文件"精神，2005 年 2 月 7 日，《中共中央宣传部、教育部关于进一步加强和改进高等学校思想政治理论课的意见》（简称"5 号文件"或"05 方案"），规定了四年制本科的课程设置，"纲要"就是 4 门必修课中的一门。文件还规定，从 2006 级学生开始，全国普通高等学校普遍实施"05 方案"。

2012 年 11 月 29 日，习近平在参观"复兴之路"展览时提出了"中国梦"的概念，并引用"雄关漫道真如铁""人间正道是沧桑""长风破浪会有时"三句诗来概括中华民族的昨天、今天、明天，这正是"纲要"课程的主线，"中国梦"概念的提出丰富了"纲要"课程的内涵。

2015 年版教材把党的十八大以来有关内容写进了教材，不仅丰富了课程的内涵，还扩展了课程的外延，增强了课程的时代特色。

2018 年版教材以党的十九大以及十九届二中、三中全会精神为指导，以习近平新时代中国特色社会主义思想为统领，把实现中华民族伟大复兴的中国梦以及习近平关于中国近现代史的系列重要讲话精神，贯穿"纲要"课教育教学的全过程。教学重点后移，着重讲好改革开放 40 年的历史进程、巨大成就以及深刻启示，特别是十八大以来的历史性成就、历史性变革。

2021 年，为进一步推动习近平新时代中国特色社会主义思想进教材进课堂进头脑，贯彻落实党的十九大和十九届二中、三中、四中、五中全会精神，中宣部、教育部组织对教材进行了修订。2021 年版教材以习近平新时代中国特色社会主义思想特别是习近平关于中国近现代史的重要论述为统领，坚持马克思主义基本立场、观点、方法，全面完整、科学准确地体现党的理论创新、实践创新、制度创新成果，按照把握正确方向、反映鲜活实践、遵循教学规律、强化责任担当的总要求，大大增强了习近平新时代中国特色社会主义思想的篇幅，修改了与习近平总书记关于中国近现代史的论述、与《中国共产党简史》不一致的地方，同时修改了一些史实、论述有硬伤的地方。在框架结构方面，撤销了 2018 年版教材三编的划分和三篇综述，扩写导言部分，把原三编综述的精华并入导言；适当精简原中编、现教材第四五六章的内容，将第八章"社会主义基本制度在中国的确立"和第九章"社会主义建设在探索中曲折发展"合并为新的第八章"中华人民共和国的成立于社会主义建设道路的探索"，适当增加第九章内容；着重加强第十章"中国特色社会主义进入新时代"。

70 多年来，"纲要"课程的发展史就是一部改革史，它在继承中发展、在改革中创新，它紧随我国高校思想政治理论课的发展与变革的步伐。它的调整与变化反映了时代的变化和对人才培养要求的变化。经过变革与发展，"纲要"的课程体系越来越科学，越来越完善、合理。

二、"纲要"课程的定位

（一）"纲要"课程的学科定位

"纲要"这门学科如何定位，直接决定着教师要教什么和怎么教的问题。因此，如何认识"纲要"课的学科定位，是从事"纲要"课教学必须面对的重要问题。梳理学界对这个问题的讨论和看法，主要观点如下。

1. "纲要"是一门从属于马克思主义理论学科教学体系的政治课

准确把握"纲要"作为一门政治课的性质，对处理教学中的具体问题有着重要的意义。中国近现代史跨度大，融政治史、社会史、思想文化史、经济史于一体。从课程的性质来说，重点是中国近现代的政治史，即半殖民地半封建社会秩序的形成、发展和瓦解以及在这个历史过程中关于中国出路和未来发展道路的不同设计之间的斗争。当然，突出强调政治史并不是要忽视或淡化社会史、思想文化史和经济史的重要性，但如果把中国近现代史中政治发展的主线淹没在经济史、社会史、思想文化史等其他方面中，那么就无法凸显"纲要"作为一门政治课的性质，也就无法把"纲要"与大学历史专业中的中国近现代史课和高中阶段的中国近现代史课区别开来。准确把握"纲要"作为一门政治课的性质，其实也是一个正确处理这一课程教学中的政治性、思想性和知识性关系的问题。"纲要"课的教学不是单纯知识性的教学（即把近现代史上的重大问题、重大事件、重大人物搞得清清楚楚，成一家之言），而是侧重于思想的提炼。构成这一思想的主题则是中国人民对马克思主义、社会主义和中国共产党（改革开放）的历史性选择，这一点是整个中国近现代史发展的最高政治结论，也是我们在教学中必须明确和始终注意贯彻的基本思想。这也就是说，"纲要"课的讲授必须要以政治性、思想性为主，知识性为辅，否则就将把"纲要"课的教学主旨淹没在一大堆的历史知识性细节的讲述之中，无法达到它以史为鉴、资政育人的目的。

作为一门马克思主义思想政治理论课，如果说"政治"一词突出的是该课程的性质，那么"理论"一词突出的则是该课程在内容方面的特点。因此，在具体教学实施中把握住"纲要"的政治课性质的同时，必须准确地把握"纲要"

作为一门理论课的特点。

作为一门马克思主义理论课，"纲要"课在课程内容方面最主要的特点是通过对近代以来中国历史发展的讲授，阐述一个基本的理论认识，即由于西方资本 – 帝国主义的侵略，近代中国社会的发展在脱离了世界历史发展的一般轨道后进入了半殖民地半封建的特殊社会形态之中，这种特殊的社会形态决定了近代以来中国革命和社会发展的特殊历史逻辑，其中最主要的是马克思主义与中国社会发展的内在关系。一方面，中国共产党成立之前的中国革命与社会发展表明，没有马克思主义是不行的，中国社会不可能在其他任何理论的指导下探索到自己的出路；另一方面，中国共产党成立之后的中国革命和社会发展表明，马克思主义作为无产阶级的社会意识形态所具有的一般思想规定性必须同半殖民地半封建的中国社会的特殊历史规定性相结合，把马克思主义中国化。这样，"纲要"课中其实就贯穿了两个基本的理论命题，即没有马克思主义不行和马克思主义必须要中国化。一定程度上可以说，近代以来中国共产党领导下的中国革命和社会发展，都在支撑和回答着这两个理论命题，这也是体现在"纲要"课中的理论主线。在教学中勾画出这条理论主线，能够使学生对中国近现代史 180 多年的发展历程形成连续性的系统理解，和高中阶段的中国近现代史课程相比，能够把认识进一步提升到理论的层次上来。此外，还可以与其他课程保持内容的衔接性和体系的完整性，便于马克思主义中国化具体理论成果的教学展开，体现马克思主义政治理论课的整体性。

强调把握"纲要"作为理论课的特点以及渗透在其中的理论主线，对教学实践具有重要的意义，如同恩格斯所指出的那样，"历史常常是跳跃式地和曲折地前进的，如果必须处处跟随着它，那就势必会注意许多无关紧要的材料，而且也会常常打断思想进程"。[①] 但是，强调认识"纲要"作为一门理论课的重要性，并不是说可以抛开历史，单刀直入，用理论概念来直接阐述理论观点，而必须把"纲要"中的理论与历史密切结合在一起，用历史去阐述理论，用理论去统率历史，即人们常说的"论从史出，史论结合"。这样，理论命题的出现就作为一个自然的历史过程，历史的发展则体现为一个有意识的理论过程。1939 年 12 月，毛泽东在《中国革命与中国共产党》中对 100 年的中国近

---

① 中共中央马克思恩格斯列宁斯大林著作编译局.马克思恩格斯选集 第 2 卷 [M].北京:人民出版社，1995:43.

代历史发展的科学总结所展现出来的历史和理论的高度统一，对如何学习、研究和讲授中国近现代史具有极其重要的方法论意义。因此，在"纲要"课的具体教学中，必须深刻把握其理论课的特点，把理论与历史融合在一起。在对历史的讲授中渗透出理论意识，在对理论命题的讲授中则体现出历史意识。只有这样，才能把一门高水平的马克思主义理论课展现在教学实践中。

2."纲要"既是一门历史课，又是一门思想政治理论课，或者说既可以把它当作一门历史专业的历史课来上，也可以把它当作一门思想政治理论教育的历史课来上

在这门课程的两种属性中，应该把它明确定位为一门高校思想政治理论教育的历史课程。也就是说，开设这门课程的主要目的就是运用历史课程的内容和形式对当代大学生进行思想政治理论教育。既然"纲要"课具有这种双重属性，在实际教学中就必须处理好这门课程作为思想政治理论教育的历史课程与作为历史专业的历史课程的关系。

"纲要"课的教学必须符合历史教学的基本规范与要求。应该承认，"纲要"首先是一门历史课程。作为一门历史课程的教学，应该让学生通过这门课程的学习掌握基本的历史知识、正确的历史观和科学的历史思维方法，进而学会正确地总结历史的经验教训，深刻认识历史发展的客观规律，树立正确的世界观、人生观和价值观。虽然这门课程具有思想政治理论教育的目的和功能，但决不能因为这个目的和功能，不顾历史教学的一般规范和要求，只是从纷繁复杂的历史烟海中，断章取义地搜寻一些历史资料和历史故事，进行简单化、片面化的政治说教，更不能以影射历史甚至歪曲历史的方式来为当时的政治斗争服务。这样做，既有损于历史资料的真实性与历史学科的科学性，又达不到对当代大学生进行有历史说服力和感染力的思想政治理论教育效果。

"纲要"课的教学必须加强对当代大学生进行思想政治理论教育。作为一门高校思想政治理论教育的历史课程的教学，它与历史专业的历史课程教学，无论是教学的内容与方法，还是知识的深度与广度，都应该有所区别，有所侧重。作为历史专业的中国近现代史教学应该是从政治、经济、文化到军事、外交、科技等方面进行全景式的历史扫描和深入的专业研究。作为思想政治理论教育的"纲要"课的教学则是在概要地介绍历史背景和历史过程的基础上对一些重大历史事件、历史人物和历史现象进行专题式的历史聚焦。通过对重大历史事件、历史人物和社会现象的深入分析与探讨，侧重于对当代大学生进行爱国主义、集体主义和革命传统教育，进行必要的国情、社情和优秀传统文化教

育，尤其是要对大学生进行科学的社会历史发展规律教育。

3."纲要"属于历史学科，但它又不同于历史学的专业课程

不能因为"纲要"课被列为高校思想政治理论课，就误认为"纲要"属于政治学科或者其他什么学科。"纲要"课作为高校思想政治理论课，凸显的是"资政育人"的功能，尤其是育人功能。通过对历史规律的探寻和认识，可以提升人们的思想理论水平；通过对历史事件、历史人物等历史要素的考察和分析，可以培养人们高尚的道德情操。与其他学科相比，历史学的"育人"功能显得更加突出。这也是多年来高校思想政治理论课中往往设有相关历史课程（先是"中共党史"，后是"中国革命史"，现在是"纲要"）的重要原因。

"纲要"课具有明显的"历史学"的特性，同时是高等学校开设的思想政治理论课。所以，它不同于历史学的专业课程。它的主要任务是通过讲授中国近现代历史，帮助大学生了解国史、国情，深刻领会历史和人民是怎样选择了马克思主义，选择了中国共产党，选择了社会主义道路，选择了改革开放，进而确立并增强对中国共产党、马克思主义、社会主义的信念。因此，"纲要"课应结合近现代历史的发展，着力总结历史经验和教训，阐明近现代中国历史发展的规律。一句话，要把凸显其思想政治理论性放在突出的位置。如果把"纲要"课等同于历史系的专业课，把主要精力放在历史资料搜集、历史细节的考辨等问题上，就不可能充分发挥"纲要"课的思想政治教育功能。

本课程是以思想政治理论课的面目出现的，有政治理论课的特点，但是不能排除它的历史属性，如果排除了这一属性，实际上就意味着它失去了应有的学科依托和学科价值。只有将其置于翔实的史料当中，于叙事中寓论断，才能得出可靠的结论，进而才能达到令人信服的目的。

（二）"纲要"课程的目标定位

"纲要"课程的目标定位，一个最基本的认识是为了帮助学生理解"两个了解"（了解国史、了解国情）和"三个选择"（历史和人民怎样选择了马克思主义，怎样选择了中国共产党，怎样选择了社会主义道路）（2011年修订后增加了怎样选择改革开放，变为"四个选择"）的必要性和正确性。理论界在坚持这一目标定位的基础上，也提出了其他的一些看法。

第一，它作用于大学生素质的养成，发挥着系统化、指导性和完善化的作用。①系统化作用，即可以使大学生的人文素质和非人文素质相互融合而形成完整的素质系统。②指导性作用，即通过"纲要"课的学习使学生树立正确的

世界观、人生观、价值观和荣辱观。③完善化作用，即通过"纲要"课的学习，可以丰富和完善大学生的人文知识，提高其人文素质；通过对历史规律发展脉络的把握，可以培养大学生用长远的目光看问题的科学的历史观和方法论。

第二，它作用于大学生行为实践过程，具有行为导向和情感陶冶作用。大学生的人文素质能够影响其行为的目的、方向、范围、种类，对其行为具有明显的导向作用。"纲要"课主要讲述一代又一代仁人志士和人民群众为救亡图存艰苦探索的过程，特别是中国人民在中国共产党领导下进行伟大的革命斗争的历史。它从历史教育的角度无疑可以发挥出人文素质教育的独特作用，培养学生热爱祖国并为国家民族的繁荣富强而矢志不渝艰苦奋斗的理想和信念。思想政治理论课教学在人文素质教育中还具有情感陶冶的作用。思想政治理论课是人文素质教育的核心，统率其他社会科学理论教育。它使大学生在信仰、理想、情趣等方面受到有益熏陶的同时，能加强其文学、艺术修炼，提高其审美品位。

第三，它促进青年学生民族精神的培养、科学历史观的形成，有助于他们坚定走中国特色社会主义道路的信心，全面提升思想政治素质。思想政治理论课的人文素质教育作用，不仅表现在其对青年大学生整体素质和行为活动的影响，还表现在它对青年学生思想政治素质的提升上，可以实现青年学生由知识到能力、由能力到责任感的转化。首先，有助于培养青年学生以爱国主义为核心的民族精神。由于在"纲要"课教学中始终贯穿着民族理想教育、民族智慧教育和民族品格教育，大学生学习的过程也就是接受民族精神的洗礼和熏陶的过程。这对正处于个体意识社会化进程中的大学生的健康成长十分有利，激发其民族自豪感。其次，有助于青年学生树立科学的历史观。对中国近代史主线的认识，关系到对历史事件、历史人物的认识和评价。近年来，一些有争议的事件和人物被夸大或美化，一些进步事件和人物则被贬抑、否定甚至丑化，这些观点混淆了是非，扰乱了人心，干扰了很多大学生的认知和判断。通过对"纲要"课的系统学习，可以帮助大学生全面、客观、公正地评析历史事件、历史人物和历史进程，从而形成科学的历史观。最后，有助于青年学生坚定走中国特色社会主义道路的信心。在"纲要"课教学中，教师不仅要讲授中国近现代史上重大历史事件的史实，还要联系当今的社会实际和学生的思想实际，这样才能使学生准确地了解国史、国情，理解当时中国接受马克思主义以及后来产生毛泽东思想、邓小平理论和"三个代表"重要思想、科学发展观的必然性，学习习近平新时代中国特色社会主义思想，深刻领会历史和人民是怎样选择马克思主义、选择中国共产党、选择社会主义道路、选择改革开放。

第二节 "纲要"教材的基本框架

一、"纲要"教材整体结构

"纲要"教材框架的设计，借鉴了《中国革命史》的历史分期——旧民主主义革命、新民主主义革命、社会主义革命建设与改革。全书10章的编排，遵循了民族复兴时代课题凸显、复兴道路艰辛探索、民族复兴自觉自为的历史逻辑，展现了中国近现代史的面貌。但10章内容的编写并未沿用历史教科书的纪事本末体，而是以"救亡图存、民族复兴"为主线，围绕"四个选择"，以专题形式来呈现，从而凸显了"纲要"课的思想政治理论课定位。"救亡图存、民族复兴"这条主线和"四个选择"的教学主题，也就构成教材的基本结构和叙事框架。

2021年版教材撤销了原教材三编的划分和三篇综述，扩写导言部分，把原三编综述的精华并入导言。导言开篇在点明"救亡图存、民族复兴"主线和"四个选择"主题的同时，阐述了二者之间的关系："四个选择"是近代以来中华民族为救亡图存、实现民族复兴，在探索国家出路过程中的历史必然；近现代中国历史已证明，只有马克思主义才能指导复兴大业的实现，只有中国共产党才能肩负起领导民族复兴的重任，只有社会主义道路才能实现中华民族的伟大复兴，改革开放的理论成果和实践主题即中国特色社会主义才是实现中华民族复兴的必由之路。导言特别强调坚持中国共产党的领导，是实现中华民族伟大复兴的根本保证。

随后，导言在"中国近代史综述"的第一部分"从鸦片战争到五四运动前夜"，提示了民族复兴时代课题凸显的历史逻辑：帝制时代皇权政治、儒家思想、地主—自耕农经济、族权和政权相结合的一体化结构，维系了中国封建社会的稳定和延续，也造成社会发展的缓慢和迟滞；特别是明清之际皇权不断膨胀和文化思想控制的强化，把专制主义推至巅峰，致使灿烂的中华文明由盛转衰，到鸦片战争前夜中国已经落后于西方资本主义国家。鸦片战争后外国资本—帝国主义势力将中国一步步推向半殖民地半封建社会深渊，导致国家蒙辱、人民蒙难、文明蒙尘。这一过程，是中华民族生存发展危机不断加深的历史。为拯救民族危亡，争得民族独立人民解放和实现国家富强人民幸福，农民阶级、地主官僚、资产阶级改良派和资产阶级革命派轮番登台，太平天国运动、洋务运动、戊戌变法、义和团运动、辛亥革命接连兴起，尝试了不同的救国方案，但都以失败而告终。要完成救亡图存的使命和反帝反封建的重任，迫切需要新的思想理论引领救亡运动，迫切需要新的组织凝聚各方面革命力量。

"中国近代史综述"的第二部分"从五四运动到中华人民共和国成立"，揭示了复兴道路探索之转折及走上自觉实现民族复兴新道路的历史逻辑：五四运动后，中国工人阶级及其先锋队中国共产党取代其他阶级党派，成为探索复兴道路的主心骨和主导力量；他们与民族资产阶级、大地主大资产阶级"三种政治力量"及其建国方案之竞争，构成这一时期探索国家出路的主体历史画面。在"三种建国方案"之竞争特别是"两个中国之命运"决战中，中国人民选择了为中国人民谋幸福为中华民族谋复兴的中国共产党及其建立人民共和国的方案，由此民族复兴进入自觉自为的新时期。在这一时期，永葆初心牢记使命的中国共产党团结带领各族人民，浴血奋战百折不挠，历经北伐战争、土地革命战争、抗日战争、解放战争，终于推翻帝国主义、封建主义和官僚资本主义三座大山，建立了中华人民共和国，实现了民族独立人民解放，为实现国家富强人民幸福开辟了宽广的通途、奠定了坚实的基础。

导言的第二目"中国现代史综述"中，对"民族复兴"主线的铺陈，除便于读者理解教材结构安排的整体性和学术性之外，主要是为呈现"四个选择"的必然性及其作为教学主题的必要性，引导读者理解历史和人民为什么选择马克思主义、中国共产党、社会主义道路、改革开放。

对于"为什么选择马克思主义"，第三章"辛亥革命与君主专制制度的终结"和第四章"中国共产党的成立和中国革命新局面"提供了解释框架：旧民主主义革命的失败，说明中国需要重新选择指导思想和救国方案。在第一次世界大战暴露出资本主义制度固有弊端、西方文明普适性因此遭到普遍质疑的背景下，否定资本主义制度的马克思主义在俄国的成功实践，给予中国的先进分子以新的革命方法的启示，推动他们去研究这个革命所遵循的主义。经过新文化运动打开思想闸门，五四运动时期马克思主义在中国广泛传播；马克思主义具有的科学性、人民性、革命性和开放性的特质，契合了中国社会革命的需要，并在逐步成长壮大起来的工人阶级中找到了阶级载体。

对于"为什么选择中国共产党"，第二章"不同社会力量对国家出路的早期探索"、第三章"辛亥革命与君主专制制度的终结"及第四章"中国共产党的成立和中国革命新局面"展示了其形成逻辑：洪秀全等发起的旧式农民起义、洋务派和维新派主导的不触动封建专制根基的自强和改良运动、孙中山领导的模仿英美的资产阶级民主革命均以失败告终；他们拿出的王朝继替、借西技以自强、君主立宪、民主共和国方案，都无法应对"数千年未有之变局"，更无法实现中华民族的复兴。辛亥革命制度重建失败后，旧势力反扑、政局动荡以及英国势力卷土重来、日本威胁日益加重的现实，呼唤一支全新的革命力量来重整山河、应对内部危机和外部挑战。中国共产党以革命性最强的中国工人阶级作为阶级基础，一经成立就义无反顾地肩负起实现中华民族伟大复兴的历史使命，进而深刻改变了近代以后中华民族发展的方向和进程，深刻改变了中国人民和中华民族的前途和命运，深刻改变了世界发展的趋势和格局。

"为什么选择社会主义道路"的历史，可追溯到魏源、康有为等对中国经济技术和政治制度落后的体认。如何改变中国贫穷落后的面貌，建立起一套先进的社会制度，成为近代中国社会各阶级探索国家出路的着眼点和努力方向。洋务运动的失败，证明帝制框架下的工业化道路走不通；南京政府时期官僚资本的急剧膨胀和民族资本主义的艰难处境，表明英美工业化道路不适合中国。同期苏联社会主义建设的巨大成就引起世界瞩目，苏联工业化道路也为中国有识之士所向往。就新中国成立时的现实而言，当时民族资本主义的基础仍很薄弱，且独立以后的中国如果不搞社会主义，而走时间漫长、过程痛苦、违背初心的资本主义道路，不仅难以取得真正意义上的经济独立，甚至连已经争得的政治独立也可能丧失。此时，中国共产党为兑现历史承诺和巩固新政权，在完成民主革命遗留任务和恢复国民经济过程中，通过没收官僚资本将资本主义纳入国家资本主义轨道，引导个体农民在土地改革后逐步走上互助合作的道路，从而奠定了国家工业化基础，准备了走社会主义道路的条件。国际关系方面，美苏对新中国的不同态度，尤其是朝鲜战争爆发后美苏两大阵营"冷战"加剧，美国为首的资本主义阵营对中华人民共和国的政治孤立、经济封锁和军事威胁，进一步促使新中国走向社会主义道路。

对"为什么选择改革开放"，第九章"改革开放与中国特色社会主义的开创和发展"提示了分析思路：其一，改革开放是社会主义的改革开放，是在我们已经选定的社会主义道路和建立的社会主义制度前提下进行的。其二，新中国走上社会主义道路、建立社会主义制度，发生在向苏联学习的特定背景下，因而不可避免地受到苏联模式的影响。尽管中共八大前后我们试图摆脱苏联模式，探索自己的发展道路，但这一任务在改革开放前并未完成。其三，新中国开始全面建设社会主义时，既没有现成的道路可遵循，也缺乏充分的思想准备和科学研究，以致出现了"探索中的严重曲折"。这就需要我们解放思想，改革不适合发展的经济制度和僵化体制，找到一条符合中国实际、能使中国"富起来""强起来"的发展道路。

二、"纲要"各章内容安排

2021年版教材共10章，在内容安排上，通过回答历史和人民是怎样选择马克思主义、中国共产党、社会主义道路、改革开放的，呈现与揭示近现代中国历史演变的基本面貌和规律。由于同一历史内容的叙事中往往蕴涵着多个主题，不宜按章节顺序介绍。以下就以"四个选择"为中心，梳理教材内容安排的学术逻辑。

对近代中国而言，马克思主义既是一种指导思想，也是探索民族复兴道路中最终选定的建国方案——因为思想理论指导作用的发挥，需要落实到制度层面，细化为方案和道路。在这个意义上，一至三章的内容呼应了"怎样选择马克思主义"之主题。第一章"进入近代后中华民族的磨难与抗争"提示探索国家出路的背景知识后，第二章"不同社会力量对国家出路的早期探索"和第三章"辛亥革命与君主专制制度的终结"集中展示了这一时期各种思潮理论、救国方案轮番试验及其相继被抛弃的过程。具体而言，太平天国运动的失败表明，带有浓厚宗教神学色彩的拜上帝教不符合时代要求，通过旧式农民起义建立"理想天国"的方案无法救中国；洋务运动的失败，暴露了"师夷长技"思想的局限性，说明只变"用"不变"体"不触动封建专制根基的自强方案不可能为中国摆脱贫弱找到出路；维新运动的失败，证明效法日俄的君主立宪方案行不通；辛亥革命的最终失败表明，"三民主义"不足以指导中国革命，民主共和国方案不适合中国。由此，马克思主义和人民共和国方案成了中国人民唯一的选择。

在"怎样选择马克思主义"主题下，原教材的中编、2021年版教材第二大部分（第四、五、六、七章）的内容贯穿着这样一条主线：中国先进分子、中国共产党人是怎样接受、运用和发展马克思主义的。其中第四章"中国共产党的成立和中国革命新局面"，就是中国先进分子接受和传播马克思主义、创立马克思主义政党及其初步运用马克思主义开辟中国革命新局面的历史。第五章"中国革命的新道路"成功开辟，主要是以毛泽东为代表的共产党人不拘泥于"本本"，摆脱了苏俄城市中心革命模式，提出"工农武装割据"的新思想。第六章"中华民族的抗日战争"，阐述了马克思主义中国化进程加速，新民主主义革命理论完整提出，人民共和国方案得以完善并在抗日根据地全面实践。第七章"为建立新中国而奋斗"，实际上是马克思主义中国化成果和人民共和国方案充分展示其理论魅力和实践活力的历史。

中华人民共和国全面确立马克思主义的指导地位后，又面临着如何建立与之相适应的社会制度、在社会主义革命和建设新形势下如何运用和发展马克思主义即实现第二次结合的新课题。第八章"中华人民共和国的成立与中国社会主义建设道路的探索"，就是马克思主义指导地位落实到社会主义制度的过程。第九章"改革开放与中国特色社会主义的开创和发展"，是在总结"社会主义道路的艰辛探索和曲折发展"时期的经验教训基础上，解放思想实事求是地探索符合中国实际的发展道路，不断提供马克思主义新成果的历史。第十章"中国特色社会主义进入新时代"，是在"世界进入大变革大调整时期，面临百年未有之变局""中国共产党执政面临的社会环境和现实条件发生深刻变化"等新的时代背景下，阐述如何继续发展马克思主义、完善社会主义制度。

马克思主义指导地位在中国的确立，前提是要有一个坚强的、不忘初心牢记使命的无产阶级政党来领导、组织人民群众寻找新道路，变革旧制度，建立新制度，推行新方案。这就决定了近代中国在选择马克思主义的同时，要选择中国共产党作为指导思想的推动者、实践者。所以，第二、三章的内容，也呼应了"怎样选择中国共产党"之主题。这一时期各种思潮理论和救国建国方案的轮番出台和轮番试验，也是历史和人民选择民族复兴大业领导力量的过程。当历史已经证明农民阶级、地主阶级改革派、资产阶级改良派和革命派都无力肩负起领导责任时，工人阶级及其先锋队就成了唯一的选择。

历史和人民对中国共产党的选择，并非只是第四章介绍的十月革命后"马克思主义在中国的初步传播"、五四运动中"马克思主义与中国工人运动的结合"和中国共产党的诞生；因为这个时期主动选择中国共产党的主要限于一些中国先进分子，选择的过程也持续到解放战争中国共产党取得胜利之时。第五章第二节中"农村革命根据地的建设"，实质是苏维埃共和国方案在中国的初步实践。革命根据地呈现出来的生机勃勃的景象，使身陷苦难深渊的中国人民看到了一线光明和希望。第六章"中华民族的抗日战争"，中国共产党不仅成为抗日战争的中流砥柱，还通过"民主政权建设""减租减息，发展生产"，使抗日根据地焕发出勃勃生机，越来越多的人从中国共产党领导的抗日根据地朝气蓬勃、清正廉洁、民主团结等形象中看到了未来中国的希望。第七章第四节"建立人民民主专政的新中国"，经过辽沈、淮海、平津三大决战，解放战争胜利推进，通过召开中国人民政治协商会议，中国共产党及其人民共和国方案成为中国最广大人民群众的共同选择。

既然指导思想要落实到道路，那么历史和人民选择了马克思主义和中国共产党，就意味着要接受它的理想目标和"消灭阶级，废除资本私有制"的社会主义道路。所以，对"怎样选择社会主义道路"，需要从原教材中编、2021年版教材的第二大部分（第四、五、六、七章）开始梳理。第五章第一节第二目"土地革命战争的兴起"，源于以蒋介石为代表的国民党新军阀继续实行一党专政、军事独裁、特务制度、保甲制度、文化专制等为手段的黑暗反动统治。第六章"中华民族的抗日战争"，中国革命实际经验马克思主义化的理论成果——新民主主义理论，已指明社会主义的前途。第七章"为建立新中国而奋斗"中，中共七届二中全会强调"中国由农业国转变为工业国、由新民主主义社会转变为社会主义社会的发展方向"时，再次表达了走社会主义道路的志向。第八章所展示的新中国走社会主义道路的过程及其"中国特点"，实为上述既定目标和理论设计合乎逻辑的结果。

历史和人民是怎样选择改革开放的，是教材第三大部分（原教材的下编部分）第八章第五节"社会主义道路的艰辛探索和曲折发展"重点回应的主题。一方面，新中国走上社会主义道路伊始就有了良好的开局，并在较短时间内建立起独立的、比较完整的工业体系和国民经济体系，文化、教育、医疗、科技事业也有了长足发展，这不仅证明了选择社会主义道路的正确性，也为中国以后的发展奠定了牢固的物质技术基础。另一方面，如何建设社会主义，当时没有太多的经验可供借鉴，我们自己对"什么叫社会主义，什么叫马克思主义"在认识上也不是完全清醒，因而习惯于沿用过去熟悉而这时已不能照搬进行的大规模急风暴雨式群众性斗争的旧方法和旧经验，把马克思、恩格斯、列宁、斯大林著作中的某些设想和论点加以误解或教条化，造成"探索中的严重曲折"。这些深刻的教训，成为改革开放的逻辑起点。

第三节 "纲要"课程对青年大学生价值观培育及践行的意义

青年大学生是祖国的未来和希望，把培育和践行社会主义核心价值观融入大学生思想政治教育的全过程，是增强大学生核心价值观教育的有效途径。当前，高校普遍开设的"纲要"课是对青年大学生进行社会主义核心价值观教育、落实立德树人根本任务的重要平台。在具体的课程学习过程中，可以使青年大学生在贯通近代与现代中国历史、国情的基础上，更为贴近中国近现代的历史境遇和现实实际，把握社会主义核心价值观的历史意蕴，了解国情，奉献社会，积极践行社会主义核心价值观，从而落实立德树人的根本任务。

在中国近现代这段历史过程中，蕴含着大量的爱国主义、集体主义、共产主义等方面的教育资源，通过"纲要"课对这些资源的挖掘、整理和讲授，可以生动形象地对大学生进行爱国主义、共产主义和革命传统以及民族精神的教育，使其树立起科学的价值观和人生观，从而落实立德树人的根本任务。由此可以看出，"纲要"课还承担着价值观教育、道德教育的功能。它以其特有的方式发挥着价值观教育的功能，这是别的课程所不能替代的。

一、有利于社会主义核心价值观深刻历史内涵的阐释

中国近代史既是一部资本—帝国主义入侵中国的历史，又是一部中国人民奋起抗争、维护民族权益的历史，极大地彰显了爱国主义和社会主义相统一的民族精神。"纲要"课以求独立谋发展为主题，记录了近代中国社会各阶级和阶层为寻求国家出路而进行的不懈奋斗历程，在充分肯定他们对推动近代中国历史进步的同时也深刻指出，无论是封建式的王朝改革还是资本主义式的发展方案都在近代中国行不通，只有马克思主义传入中国之后，把爱国主义的社会理想同争取社会主义的国家前途联结起来，才为争取民族独立和国家富强开辟了前景广阔的道路。"纲要"课指出："只有马克思主义才是指引中华民族实现

伟大复兴的科学的世界观和方法论，只有中国共产党才能领导和团结中国各族人民不断取得中华民族伟大复兴的新胜利，只有中国特色社会主义道路才是实现中华民族伟大复兴的康庄大道。坚持马克思主义指导、中国共产党领导和走社会主义道路，这是历史和人民作出的郑重的正确的选择。"① 因此，爱国主义和社会主义相联结是近代中国历史发展的基本经验，中国只有走社会主义道路才能独立自主，才能免遭他国欺凌，才能国富民强实现中华民族的伟大复兴，这为社会主义核心价值观的提出注入了深刻的历史内涵。

实现国家民族的繁荣富强是伟大的中国梦，也是社会主义核心价值观的价值追求。中国近代史的发展经验充分表明，中国人民自从找到了马克思主义理论作为思想武器，在中国共产党的领导下，经过新民主主义革命，推翻了"三座大山"建立了新中国。新中国成立后，经过社会主义改造确立了社会主义的基本制度，为实现中华民族的伟大复兴找到了正确的道路。改革开放以来，我国取得了举世瞩目的建设成就，创造了世界经济发展的奇迹，一个富强、民主、文明、和谐、美丽的中国正展现在世人面前。这既是爱国主义和社会主义相联结的历史发展经验在当代中国的具体实践，也是积极践行社会主义核心价值观的具体实践。

作为当今中国时代精神的真实写照，社会主义核心价值观是引领社会思潮、增强社会主义意识形态吸引力的重要引擎，其三个层面的价值追求互相联系，内在统一。青年大学生只有在充分理解社会主义核心价值观历史内涵的基础上才能更为全面地把握其真意，切实理解富强、民主、文明、和谐的国家价值观的实现，需要以自由、平等、公正、法治的社会层面价值追求为支撑，需要爱国、敬业、诚信、友善的个人层面价值准则为依托。国家梦、民族梦只有同社会、个人的价值追求紧密结合起来，与每个人的理想奋斗有机融合起来，梦想才有生命和根基。"纲要"课以近代中国历史发展的基本经验为主线阐释了社会主义核心价值观深刻的历史内涵，使青年大学生在系统学习"纲要"课的过程中，更为贴近中国近现代的历史境遇和现实状况，更容易把握微观的历史事件与宏观的历史大势。以此为基础，在他们的心中，社会主义核心价值观就会变得有思想和生命力，积极践行社会主义核心价值观就会变得有动力，提

---

① 康桂英.《中国近现代史纲要》课对青年大学生社会主义核心价值观培育及践行的重要意义 [J]. 安徽理工大学学报（社会科学版），2017，19(4):100-103.

升自己奉献社会就会大有可为。

二、有利于学习贯彻习近平新时代中国特色社会主义思想

时代精神是每一个时代特有的普遍精神实质，是一种超脱个人的共同的集体意识。历史任务造就时代精神。纵观中国近现代历史，可以说革命是近代中国的时代精神，现代化建设是现代中国的时代精神。

"纲要"课指出，近代中国积贫积弱，面对资本－帝国主义的军事侵略、政治控制、经济掠夺和文化渗透，一些爱国人士提出过工业救国、教育救国、科学救国等主张，并为此努力，对中国近代社会的进步作出了一定的贡献。但是，在民族不独立、国家不统一、人民无权利的半殖民地半封建社会里，这些主张并不能从根本上给濒临危亡的中国指明正确的出路。由于这些美好的愿望在实践中不断碰壁，他们中的许多人终于抛弃了这些幻想，毅然走上了争取民族独立和人民解放的革命斗争道路。在独立自主使命下，革命先辈拿起革命的武器，浴血奋战谱写了一幅幅壮丽的诗篇。翻开中国近代史，既有三元里人民、太平天国、义和团等普通人民群众抗击外国侵略者的英勇斗争，也有刘铭传、关天培、邓世昌等广大爱国官兵的拼死抵抗，也有以孙中山为首的资产阶级革命家的上下求索，更有以毛泽东为首的中国共产党人为新民主主义革命成功的艰苦奋斗。正是他们的前仆后继和视死如归的抗争，粉碎了帝国主义瓜分和灭亡中国的图谋，促进了中华民族意识的觉醒，使救亡图存、振兴中华成为时代的主旋律，1949年新中国的诞生就是革命的时代精神的结晶。

现代化建设是新中国成立以来的时代精神。"纲要"课指出，只有通过革命争得民族独立、人民解放后，中国人民才有可能集中力量进行现代化建设，逐步改变贫穷落后的面貌，实现国家的富强和人民的富裕，从而使无数爱国志士和革命先驱为之献身的中华民族伟大复兴的梦想真正成为现实。新中国成立后，围绕建设富强民主文明和谐美丽的社会主义现代化强国任务，中国人民在中国共产党的领导下，以现代化建设为时代精神，开启了社会主义现代化和改革开放的伟大征程，不仅确立了社会主义制度，还形成了党在社会主义初级阶段的基本理论、基本路线、基本纲领、基本经验、基本要求，开创、坚持、发展了中国特色社会主义。这样的奋斗历程，极大地彰显了现代化建设的时代精神。

习近平新时代中国特色社会主义思想，是当代中国马克思主义、二十一世

纪马克思主义，是党和国家必须长期坚持的指导思想。坚持和发展中国特色社会主义，建设社会主义现代化强国，实现国家富强、民族振兴、人民幸福的中华民族伟大复兴的中国梦，是习近平新时代中国特色社会主义思想的总体价值目标，这与中国近现代史的最终奋斗目标是完全一致的。实现伟大的中国梦，需要广大青年大学生脚踏实地、果敢前行。而广大青年大学生在"纲要"课的学习实践中，以中国近代以来的两大历史任务为基础，充分明确了革命的时代精神与现代化的时代精神所承载的民族梦想，这有助于他们敬畏使命，直面时代，勇于担当，积极学习贯彻习近平新时代中国特色社会主义思想，从而为实现伟大的中国梦的时代使命努力奋斗。

三、有利于为建设中国特色社会主义提供动力

从 1840 年鸦片战争开始到 1949 年新中国成立之前，中国属于半殖民地半封建社会。西方列强通过发动侵略战争，屠杀中国人民，侵占中国领土，划分势力范围，勒索赔款，抢掠财富，控制中国的内政、外交，镇压中国人民的反抗，控制中国的通商口岸，剥夺中国的关税自主权，实行商品倾销和资本输出，操纵中国的经济命脉，进行文化渗透等手段，导致中国社会性质的变化，由封建社会逐渐成为半殖民地半封建社会。在救国救民的历史任务驱动下，无数仁人志士在长达一个多世纪里奋起抗争，经历了太平天国农民运动的失败、封建地主阶级自救运动的失败、君主立宪制改良道路的失败、资产阶级共和制革命的失败等一系列过程，最终才取得了新民主主义革命的成功。革命的成功来之不易！"纲要"课所描述的近代中国人民反侵略斗争的过程和中国人民奋起抗争的过程，可以教育广大青年学生牢记历史，脚踏实地，弘扬和坚持以爱国主义为核心的民族精神，在新的历史时期坚持和发展中国特色社会主义。

虽然近代中国半殖民地半封建社会的命运已经随着新中国的诞生而彻底结束了，但进入新的历史时期的中国所处的国际形势仍不容乐观。面对世界全球化、市场化和信息化迅猛发展的历史趋势，面对当代中国成功实现大国崛起和民族复兴的历史关头，我们只有科学把握我国仍处于并将长期处于社会主义初级阶段的具体国情，并据此制定正确的发展战略和政策，全面深化改革，解放和发展生产力，大力发展科学技术，领会和把握新时期社会主义现代化建设的经济建设、政治建设、文化建设、社会建设和生态文明建设的总体框架，才能逐步实现中华民族的伟大复兴，彰显中国社会主义强国的风采。"纲要"课指

出，中国特色社会主义是党和人民 100 年来奋斗、创造、积累的根本成就。改革开放以来，中国取得一切成绩和进步的根本原因，归结起来就是，开辟了中国特色社会主义道路，形成了中国特色社会主义理论体系，确立了中国特色社会主义制度。这是我们以史为鉴，坚持正确的发展道路结出的硕果。

中国特色社会主义思想是实现中华民族伟大复兴的中国梦的价值引领，是坚持走中国道路、弘扬中国精神、凝聚中国力量的重要保证。中国近代历史沉痛地告诫我们，落后必然挨打，只有国家富强才能免遭欺凌。青年大学生在"纲要"课的学习实践中，身临其境地感受到了近代中国的苦难，自然对避免重蹈历史的覆辙感觉强烈，而避免近代中国所遭受的噩运自然就成为他们前行的巨大动力。当他们立足于今天这个充满竞争和挑战的时代大舞台上，积极投身于中国梦的伟大实践，奉献青春的使命感自然会油然而生。

从整体上看，一部中国近现代史就是一部具有爱国、敬业、诚信、友善品格的中国人追求国家富强、民主、文明、和谐，社会自由、平等、公正、法治的历史。这种孜孜以求的追求过程，生动地诠释了中国特色社会主义思想价值观的真谛。以"纲要"课为平台对广大青年大学生进行价值观教育，有利于他们全面把握中国特色社会主义思想的内涵，与时俱进，坚定道路自信、理论自信、制度自信和文化自信，积极践行新时代中国特色社会主义思想，为实现伟大的中国梦而不忘初心努力前行。

第四节 "纲要"课程立德树人任务的落实解析

党的十八大报告指出："要坚持教育优先发展，全面贯彻党的教育方针，坚持教育为社会主义现代化建设服务、为人民服务，把立德树人作为教育的根本任务，培养德智体美全面发展的社会主义建设者和接班人。"党的十九大进一步指出："要全面贯彻党的教育方针，落实立德树人根本任务。"这一论述，明确了教育目的与使命，为人才培养指明了正确的方向。"纲要"课作为高校一门思想政治理论必修课程，是加强高校思想政治工作的重要阵地，是开展马克思主义理论教育、宣传党和国家路线方针政策的主渠道。在中国近现代发展历程中，中国人民所经历的屈辱、求索与不懈奋斗，蕴含着极其丰富的立德树人资源，在"立德树人"教育路径上有着得天独厚的优势。因此，积极探究"纲要"课落实"立德树人"的科学路径，对提升"纲要"课教学实效，增强大学生思想素养具有深远的战略意义。

一、"纲要"课落实立德树人任务的目标预设

"纲要"课带有政史结合的特色，是教育部实施"立德树人"工程的五个重要学科之一。这一工程将围绕"培养什么人、怎样培养人、为谁培养人"的核心，统筹好小学、初中、高中、本专科、研究生五个学段的课程设置。在本科阶段，"纲要"课显然应纳入这个系统工程之中。通过"纲要"课达到立德树人的教育目标，还体现了学科德育的教育理念——寓德育于教学内容和过程之中，使德育与传授科学文化知识相结合，这种以知识为载体进行的德育具有强大的说服力和感染力。

通过对中国近现代史的叙述和分析，帮助大学生做到"两个了解"，了解国史、国情；懂得"四个选择"，中国人民选择马克思主义、共产党领导和走社会主义道路、改革开放的必要性和正确性。这就决定了本门课程具有较强的政治性，属于思想政治理论课，它所承担的不是单纯的历史教育的功能，而是思想政治理论教育的功能。

中国近现代所历经的那些屈辱、求索和奋斗，蕴含着丰富的立德树人资源，将对大学生的世界观、人生观、价值观和道德品质的最终形成提供正能量。爱国信念、担当精神、为民意识、奉献精神和创新意识等观念和品质可以成为"纲要"课立德树人的预设目标。

二、"纲要"课落实立德树人任务的基本原则

第一，全面准确领悟和落实中央关于开设"纲要"课程的基本要求。"纲要"讲述的是中国近现代史，但它不是大学历史系本科学生的专业课，而是所有大学本科生必修的思想政治理论课。它不可能、也不必要对中国近现代史和它的各个方面都去做详尽的展开叙述和论证。教学的着力点应当是在大学生对中国近现代史的总体面貌和基本线索有一个了解的基础上，突出讲述有助于大学生达到"两个了解"和懂得"四个选择"的有关历史情况和历史经验。也就是说与"两个了解""四个选择"有关的内容，必须着重阐述。而同这"两个

了解""四个选择"关联不是十分紧密的,可以从简或者从略。把握住这一个思想政治理论课的最基本的要求,是关系到我们的教学有没有质量的非常重要的问题。

第二,从大学生的实际情况出发,适应大学生对"纲要"课程的要求。通过调查了解到,在校大学生在中学阶段已经较系统地学过中国近现代历史,初中的教材分上下两册一共是17万字,高中的中国近现代史教材也分上下两册共计45万字。他们普遍反映学习这门课程有收获,对有关的历史事实、重大事件和重要历史人物,他们已经有了一个基本的了解。但是,他们也赞成大学开这个课,因为他们感到,对这段历史发展的脉络,还不能完整地把握;对这段历史发展的规律性和主要经验还不能准确地了解;对与"四个选择"有关的历史事实,也还缺少深入的理解,而且还存在着某些困惑。根据这一情况,教师在教学工作中,一方面要注意避免与中学课程的简单重复;另一方面,更要着力弥补大学生对近现代史把握方面的不足,使他们在原来所学的基础上,大大地提高一步。"纲要"的篇幅只有高中教材的二分之一,共29万字,而授课的时数只有高中近现代史授课时数的三分之一。在这种情况下,怎么样讲好这一门课程,难度很大,必须要有新的思路,这样才会适应大学生的需要。一定要从大学生实际情况出发。在教学中,要注重各个时期的世界形势,与中国历史的发展进行对比分析,使学生对历史发展的规律和经验教训,有更加深入的理解和认识。可以通过深入的专题教授,解决学生的疑惑,帮助学生更好地理解"四个选择"的历史必然性。

三、"纲要"课落实立德树人任务的主要途径

（一）优化整合教学内容,实现教材体系向教学体系的转化

"纲要"课要贯彻落实立德树人根本任务并取得实效,必须紧紧围绕立德树人标准,对教材内容进行整合,促使"纲要"课程由教材体系向教学体系转化。具体来说,要做到以下三个方面。

1. 要解决好"学时少"与授课"内容多"的关系

"纲要"课涉及的内容上至1840年鸦片战争,下至中共十九大马克思主义

中国化新理论,在32个课时①内要完成规定的教学任务,并能始终贯彻落实立德树人根本任务,这就要求任课教师既要把握好教学内容的重难点,又要详略得当,才能在有限的时间内最大限度地实现立德树人目标。

中国近现代史是中国人民为争取民族独立、人民解放和实现国家繁荣富强、人民共同富裕而英勇奋斗、艰苦探索的历史,其中所蕴含的无私奉献、服务人民、探索创新等爱国题材既能丰富教育教学内容,又能激发学生的爱国情怀,对学生的成长成才和正确价值观的塑造起到积极的作用。故我们可以以弘扬中国精神为主线,优化整合教材内容,促进教材体系向教学体系的转化,从而达到育人效果。

通过围绕中国精神进行主题教学,既适时开展了爱国主义教育,也使学生懂得了中国近现代历史发展进程,实际上就是近代以来中国人民的艰难逐梦历程,这期间所凝练形成的中国精神是中华民族虽历经劫难而不屈的精神支撑,是立德树人的优秀素材,它帮助学生加深对国史、国情的理解,深刻领会"四个选择",引导学生树立共产主义理想信念,坚定走中国特色社会主义道路。

2.要处理好"历史专业课"与"思想政治理论课"的关系

从"纲要"课程特点来看,该课程具有"历史专业课"与"思想政治理论课"双重特点。在"纲要"课教学中,我们要理清二者的关系,注重将史实与思想政治教育有机结合。即在"纲要"课教学中,梳理近代以来中华民族180多年的发展历程,总结历史经验教训,揭示社会发展规律,让大学生从中感受中国精神的实质,激发其爱国主义热情,提高自身的思想理论素养,为中国特色社会主义现代化建设贡献自己的力量。

3.要充分利用地方史料对学生进行爱国主义教育

一般来说,受教育者身边或家乡的历史人物和历史事件对其有更大的影响和触动。因此,要增强"纲要"课程教学实效性,落实"立德树人"根本任务,必须充分挖掘和利用现有地方历史教育资源,将其融入"纲要"课程教学之中。例如,在讲授"纲要"课第六章《中华民族的抗日战争》时,任课教师可以充分利用本地地方抗战史资源,把史料合理地引入课堂教学中,增强授课对学生

---

① 2018年4月教育部印发《新时代高校思想政治理论课教学工作基本要求》(教社科〔2018〕2号),明确要求要严格落实"纲要"课3学分。为贯彻此文件精神,一般大学是在32个理论教学课时的基础上增加16个实践教学课时。

的吸引力和感染力。正如习近平所说："伟大的抗战精神，是中国人民弥足珍贵的精神财富，永远是激励中国人民克服一切艰难险阻、为实现中华民族伟大复兴而奋斗的强大精神动力。"[①]

（二）改革、创新教学方法，促进课程知识体系向价值体系有效转化

"纲要"课具有时间跨度长、知识信息大等特点，这就需要教师在教学途径与方法上多下功夫。目前，各高校纷纷改变了以往以教师为中心的教学思路，朝着以学生为中心、注重发挥师生之间双向互动的改革思路发展，这和落实立德树人根本任务是一致的。顺着这一教学改革思路与理念，"纲要"课要充分发挥思想政治理论课和历史课的特点与优势，精心设计教学情境，不断寻求教学方法的改革创新，从而达到立德树人的教育目的。

1. 合理运用多媒体教学手段，提升立德树人教育效果

在目前的"纲要"课教学中，多媒体教学已成为极其普遍的教学手段，但由于课堂理论教学受时空、课时及教学手段等的限制，这就需要利用新兴媒体来弥补理论教学上的不足。例如，在把握课程整体内容的基础上，筛选出最具说服力和代表性的文献、图片和影像资料与教学内容有机结合；运用反映时代面貌和精神的视频、爱国革命歌曲等元素来烘托课堂氛围；让学生在课后访问中共一大会址纪念馆、毛泽东纪念馆、井冈山革命纪念馆、抗日战争纪念馆等专题网站，或课后观看《建党伟业》《井冈山》《我和我的祖国》《跨过鸭绿江》等经典影视剧。在了解重大历史事件、历史人物的基础上充分展开讨论，或借助网络交流平台（如 QQ 群、微信群、雨课堂）有针对性地设置专题讨论。通过形式多样的师生互动交流，增强学生分析和解决问题的能力，提升立德树人教育教学效果。

2. 精心设计教学方法，创设教学情境，落实立德树人教育目标

（1）专题教学法。打破传统的教材章节体系，对授课知识点进行整合，提出问题并组织学生讨论交流，还可以针对某个主题让学生制作课件、撰写心得或自主参观纪念馆，访谈革命前辈，然后再在课堂上进行汇报和交流，也可以通过网络平台进行网络交流。

（2）互动教学法。这种教学方法是落实立德树人根本任务的有效措施，它使

---

① 习近平.在纪念中国人民抗日战争暨世界反法西斯战争胜利 69 周年座谈会上的讲话 [M].北京：人民出版社，2014：15.

教师的单向灌输变成了师生间的双向交流，既可以发挥教师的主导作用，也可以增强学生的学习兴趣，调动学生参与课堂的积极性，能较好地达到教学效果。

（3）情境教学法。教师根据相应的教学内容创设教学情境，烘托教学氛围。"课堂历史剧"是"纲要"课情境教学法之一，它是用舞台表演、戏剧场景的形式编演历史，让学生扮演或模拟剧中的人物角色，通过亲身体验加深对历史事件的领悟，并从中获得道德力量，使课堂真正"活"起来。例如，鸦片战争、维新运动、辛亥革命、五四运动、西安事变、重庆谈判等内容的教学都可以采用这种教学形式。"课堂历史剧"与其他课堂教学形式相比，更能体现教学中学生的主体性，这是因为学生要参与完成编写、表演、总结等各个环节的工作。与此同时，教师也参与全部过程，如确定主题、故事结构和人物，动员和指导演出包括演出的顺序、录像、换幕秩序及效果评价等。"课堂历史剧"这种特点，将课程理论与课内实践活动有机结合，充分体现了教师主导性和学生主体性的结合，尤其适合对艺术类大学生的教学。

（三）构建科学合理的实践育人体系，提升"纲要"课实践教学质量

对"纲要"课立德树人途径的探索过程，就是具体教学活动的复杂过程，它取决于理论和实践的有机结合。课程实践是立德树人的有效途径。在"纲要"课教学中，要在实践育人精神及理念的指导下，健全科学合理的实践育人机制。

1.整体规划实践教学活动

"纲要"课实践教学活动不同于一般的课外活动，它不仅涉及课程教学单位、任课教师和学生，还涉及学校相关决策组织、校团委、学工部、教务处等，故该课程实践教学活动要想能顺利开展并取得成效，需要各部门履行自己的职能，形成系统的联动机制。例如，严格落实较为固定的实践教学基地，确定实践教学专项经费，设置科学合理的考核机制和工作量计算办法。只有构建"纲要"课实践教学联动机制，形成巨大合力，才能确保实践教学有序、有效进行。

2.采取多种实践教学法

各个学院因专业不同，学生兴趣、特长不一致，任课教师应依据实践专项经费、实践教学基地、师资力量等具体实情，采取灵活多样的实践教学方式。主要包括以课堂为平台进行实践教学的课内实践教学法，如案例分析、课堂讨论、课堂辩论、学生自主讲课等；采取阅读原著、影视赏析、社团活动等方法进行的校内实践教学法；以社会为平台，学生自主参与的社会实践教学法。通过各种实践教学方式，增强大学生社会责任意识，让其感知今天的幸福生活来之不易。

第二章 通过支持体系建设落实立德树人根本任务

"纲要"课教学落实立德树人根本任务离不开支持体系的建设，无论是学科支持、学校支持还是社会支持都至关重要。"纲要"课课程功能的充分发挥、学科教师队伍的建设、学校相关事务的管理、社会各方的支持，均有助于提高教学的针对性、实效性，增强教学感染力和说服力，也有助于学生更进一步地认识中国近现代史，激发学生内心的丰富情感，促进其世界观、人生观、价值观的正确塑造。本章主要包括"纲要"课教学的学科支持、"纲要"课教学的学校支持以及"纲要"课教学的社会支持。

第一节 "纲要"课教学的学科支持

一、"中国近现代史基本问题研究"的学科支撑

（一）"中国近现代史基本问题研究"学科的价值意蕴

根据中共中央、国务院《关于进一步加强和改进大学生思想政治教育的意见》和中共中央《关于进一步繁荣发展哲学社会科学的意见》精神，国务院学术委员会 2005 年 12 月在《关于调整增设马克思主义理论一级学科及所属二级

学科的通知》和《授予博士、硕士学位和培养研究生的学科、专业目录》中增设了马克思主义理论一级学科及所属5个二级学科。2008年增设"中国近现代史基本问题研究"二级学科，其价值意蕴主要表现在两个方面。

1.有利于进一步加强和完善马克思主义理论一级学科建设，逐步形成一个研究对象明确、功能定位科学的马克思主义理论学科体系

"马克思主义理论"是一门从整体上研究马克思主义基本原理和科学体系的学科。"马克思主义理论"原所属的5个二级学科中，"马克思主义基本原理"主要对马克思主义科学内涵、精神实质和内在逻辑联系进行综合性研究，"马克思主义发展史"对马克思主义产生、发展的历史过程及规律进行研究，"马克思主义中国化研究"是对马克思主义理论与中国具体实践结合所形成的、能够反映马克思主义科学内涵和精神实质的、既一脉相承又与时俱进的理论成果进行研究，"国外马克思主义"学科是对当代国外马克思主义相关的理论、思潮、流派的发生、演进及其基本思想进行研究，"思想政治教育"学科是对人的思想品德形成、发展和思想政治教育规律以及人的世界观、人生观、价值观的培养进行研究。

但美中不足的是，"马克思主义理论"一级学科原所属的这5个二级学科，虽然在"马克思主义发展史""马克思主义中国化研究"两个学科中涉及中国近现代史，但并不具有针对性，需从政治学一级学科所属中共党史二级学科和历史学一级学科中国近现代史二级学科中寻求学科支撑。虽然"马克思主义理论"一级学科不是闭门造车而是开放的，但是从马克思主义理论研究来看，其众多认识模型中就有理论铺垫→历史考察→现实分析→研究问题→解决问题这样的认识路径，即"历史考察"是其中的有机组成部分。

现在在马克思主义理论一级学科下增设"中国近现代史基本问题研究"二级学科，是专门系统地对中国近现代的历史进程及其基本规律和主要经验及其科学的历史观教育进行研究的学科，它与原5个二级学科一同作为马克思主义理论一级学科的构成要素，6个二级学科以其研究范围、研究方向的联系和差别形成了马克思主义一级学科的内在逻辑体系。

2.有利于进一步强化高校思想政治理论课特别是"中国近现代史纲要"课程功能和教师队伍建设

马克思主义理论及其所属的二级学科与高校"05方案"4门思想政治理论课课程的关系，当下有各种诠释，主要有"重合论""主从论""渗透论"和"互

动论"等，无论如何概括，都体现了两者存在的契合性。

（1）全面支撑和重点支撑。一般而言，马克思主义理论学科建设是加强和改进高校思想政治理论课的基础，它为高校思想政治理论课提供了有力的学科支撑，显示了以马克思主义理论学科建设推动高校思想政治理论课建设的理念，从而也改变了高校思想政治理论只有政治形象而缺乏学科形象的印象。这表现为两个层面，一是马克思主义理论一级学科所属二级学科为高校4门思想政治理论课提供全面支撑，如"思想道德修养与法律基础"（以下简称思想道德修养与法治）的学科支撑不仅有二级学科"思想政治教育"的学科支撑，也包括"马克思主义基本原理"等二级学科的学科支撑。这是因为整体性是马克思主义理论学科的重要特征和学科规定性。二是马克思主义理论一级学科所属二级学科为高校4门思想政治理论课提供重点支撑。"马克思主义基本原理概论"重点支撑的是"马克思主义基本原理"学科，"毛泽东思想和中国特色社会主义理论体系概论"重点支撑的是"马克思主义中国化研究"学科，思想道德修养与法治重点支撑的是"思想政治教育"学科，而"中国近现代史纲要"重点支撑的学科不清晰，原来主要定位于"马克思主义中国化研究"学科，现在增设"中国近现代史基本问题研究"二级学科，这样"纲要"主要相关支撑学科为6个二级学科，即马克思主义基本原理、马克思主义中国化研究、思想政治教育、中国近现代史、中共党史（含党的学说与党的建设）、科学社会主义与国际共产主义运动。其重点支撑的学科明确为"中国近现代史基本问题研究"学科。高校4门思想政治理论课都有了各自重点支撑的马克思主义理论所属的二级学科。

（2）学科的实践性功能与课程教学的实践定位。马克思主义认为，全部社会生活在本质上是实践的。生活、实践的观点，应该是认识论首要的和基本的观点。马克思主义学科是一门实践性很强的学科。同样，思想政治理论课教学不仅是一个认知过程，还是一个实践性过程。正如马克思所指出的："理论一经掌握群众，就会变成物质的力量。理论只要能说服人，就能掌握群众；而理论只要彻底，就能说服人。"[1] 可见，马克思是把实践、理论、教育三者统一在一起。

（3）有助于找到凝聚教师队伍的依据。专业学科建设是高校学术主导的根

---

[1]　中共中央马克思恩格斯列宁斯大林著作编译局.马克思恩格斯选集　第1卷[M].北京：人民出版社，1995：69.

本依托。"纲要"作为思想政治理论课有马克思主义一级学科全面支撑和"中国近现代史基本问题研究"二级学科重点支撑，能够切实改变"纲要"只有政治形象而缺乏学科形象的状况，有助于包括"纲要"课在内的思想政治理论课，找到自己稳定发展的学科基础，找到学校教学工作中的合理定位，找到凝聚队伍人心和尊严的依据，为包括"纲要"课在内的思想政治理论课提供了可持续发展的学科、学术和学位平台。同时，也就要求应该用学科的杠杆推动高校思想政治理论课程建设。

（二）"中国近现代史基本问题研究"学科的辨识理路

在马克思主义理论一级学科下增设"中国近现代史基本问题研究"二级学科，此学科与已有的政治学一级学科所属中共党史二级学科和历史学一级学科中国近现代史二级学科的关系。

1.关系密切

"中国近现代史基本问题研究"学科与政治学一级学科所属中共党史二级学科和历史学一级学科所属中国近现代史二级学科有着密切的关系。其主要表现是，中国近现代史基本问题研究学科，是在中国近现代史、中共党史研究基础上发展而来的。三者同属于历史科学的范畴，都是研究历史进程、历史发展规律、历史经验的学科，并且它们在历史时期上也大致相近。因此，它们之间有着许多联系密切的地方，甚至有不少共同的地方。

2.各自的特点

作为不同门类的学科，它们三者又各有其特点：中国近现代史学科是研究中国近现代社会的历史进程及其发展规律的学科，中共党史学科是研究中国共产党运用马克思列宁主义领导中国革命、建设和改革历史进程及其发展规律的学科；似乎中国近现代史学科与中国近现代史基本问题研究学科并无二致，但中国近现代史基本问题研究学科是"专门系统"地对中国近现代的历史进程及其基本规律和主要经验及其科学的历史观教育进行研究的学科。其"专门系统"是指"四个选择"，即围绕历史和人民怎样选择了马克思主义、中国共产党、社会主义道路和改革开放。因此，从内容上看，三者的范围和侧重点不同，中国近现代史学科比中共党史学科、中国近现代史基本问题研究学科的内容多、范围广，它要求全面地研究中国近现代历史的各个方面及其具体的历史细节、事件、人物等，而中国近现代史基本问题研究学科比中共党史更集中。中国近现代史是中国通史的一部分，它不仅讲述敌、我、友三方面的情况，还包括政治、经济、军事、文化、思想、民族、民主党派等各个方面的内容。中共党史主要研究党的路线、方针、政策、战略、策略的发展变化，研究马列主义和中国具体实践相结合的过程，还研究党的组织史、建设史等，所以它的主线显然是中国共产党的活动，是中国共产党产生和发展的历史。此外，中国近现代史基本问题研究学科是将理论研究同解析历史进程、总结历史经验结合起来的学科。可以认为，中国近现代史学科、中共党史学科是中国近现代史基本问题研究学科的基础，中国近现代史基本问题研究学科是中国近现代史学科、中共党史学科的核心。专门系统研究"四个选择"为主线的中国近现代的历史进程及其基本规律和主要经验，注重历史呈现中的价值判断和价值导向，这是增设"中国近现代史基本问题研究"二级学科的一个重要学科旨归。

这里重点以历史学一级学科下的二级学科"中国近现代史"为例，说明"中国近现代史"学科为什么不能为"纲要"教学提供直接有力的学科支撑。例如，国内某大学历史系中国近现代专业2006年博士学位论文，共计14篇，其篇名分别为《清至民国的蓄妾习俗与社会变迁》《景德镇：明清以来的瓷业与社会控制》《商人、商业与区域社会变迁：以清民国的婺源为中心》《五四知识群体的革命论述》《学术与国家:〈史地学报〉及其群体研究》《五四时期杜威来华讲学与中国知识界的反应》《周谷城史学思想研究》《辛亥革命时期的政党观念》《"科学时代的人文主义"——〈思想与时代〉月刊研究》《交通银行研究（1907—1928）》《上海钱业公会研究（1917—1937）——以组织和内部管理制度的演变为中心》《上海信托业研究（1921—1949）》《从中心到边缘——上海老城厢研究（1843—1914）》《民国时期社会救灾研究——以1927—1937年河南为中心的考察》。从内容上看，除个别论文与"纲要"教学有联系外，大多数论文联系并不明显。正因为如此，"纲要"有必要在马克思主义一级学科下增设"中国近现代史基本问题研究"二级学科，作为"纲要"课的专门的、重点的和直接的学科支撑。

当然，我们不能将"中国近现代史基本问题研究"学科建设与"纲要"课程建设等同起来，更不能用"中国近现代史基本问题研究"学科建设去取代"纲要"课程建设，反之亦然。一是"中国近现代史基本问题研究"学科建设并不完全是为"纲要"课程建设而建立起来的；二是"纲要"课程建设并不能只以"中国近现代史基本问题研究"学科建设为学科建设；三是"中国近现代史基本问题研究"学科建设和"纲要"课程建设具有相对独立性，各有其自身发展的规定性。

同时，也不能把"中国近现代史基本问题研究"二级学科当作一门纯粹的学问，应该主要把它作为党和国家工作大局服务的一项重要工作。作为一门学科，"中国近现代史基本问题研究"的确是学问，但不是纯粹的学问，它不同于一般的历史研究，它有很强的党性、政治性，与现实有密切联系。马克思、恩格斯在《德意志意识形态》一文中说："我们仅仅知道一门唯一的科学，即历史科学"，恩格斯声明"历史就是我们的一切"①，因为历史给我们以启示。毛泽东之所以认为"指导一个伟大的革命运动的政党，如果没有革命理论，没有历史知识，没有对于实际运动的深刻的了解，要取得胜利是不可能的"②，就是因为历史与现实之间的紧密联系。失去了这种联系，历史学就没他们所说的那么重要。

（三）"中国近现代史基本问题研究"学科的研究视域

二级学科都是有多个所辖分支学科也可谓之三级学科的支撑才能成立。"中国近现代史基本问题研究"二级学科应该发挥其研究优势与特色，确立如下四个研究视域，或者称之为三级学科，以作为"中国近现代史基本问题研究"二级学科发展和"纲要"课教学的基本支撑。

1.中国近现代史"四个选择"问题的研究

"中国近现代史基本问题研究"是围绕历史和人民怎样选择了马克思主义、中国共产党、社会主义道路和改革开放，即中国的发展举什么旗、走什么路、由谁来领导来展开的，要在广泛研究中国近现代经济、政治、文化以及社会发展历史的基础上，深入研究中国近代以来抵御外来侵略、争取民族独立、推翻反动统治、实现人民解放和国家现代化的历史，全方位、多视角深入研究"四个选择"。其基本逻辑推进是，在近现代中国，没有马克思主义、没有中国共产党、没有社会主义、没有改革开放，中国就不行；有了马克思主义、有了中国共产党、有了社会主义、有了改革开放，就不一样。

"历史和人民"的选择，归根到底是人民的选择，所谓"历史选择"这是拟人化的提法。因此，"历史和人民"的选择，浅明地说，就是哪种力量胜出。

① 中共中央马克思恩格斯列宁斯大林著作编译局.马克思恩格斯全集 第3卷[M].北京：人民出版社，1995：520.
② 毛泽东.毛泽东选集 第2卷[M].北京：人民出版社，1991：532-533.

"纲要"教学要讲深、讲透、讲好"四个选择"，必须直接依托"中国近现代史基本问题研究"学科，同时依托"马克思主义基本原理""马克思主义中国化研究"和"中共党史"等学科，需要着力在以下十个方面下功夫。一是历史和人民为什么要进行选择。二是历史和人民是怎样选择的。三是在"四个选择"之前中国先进分子是怎样选择的。四是"四个选择"之中历史和人民为什么最终不选择其他。五是"四个选择"之中、之后怎么样（如选择和发展，即选择了马克思主义到马克思主义中国化）。六是"四个选择"的对象即马克思主义、中国共产党、科学社会主义、改革开放本身是什么。七是历史和人民为什么会进行这样的"四个选择"。八是历史和人民依靠什么进行这样的选择。九是"四个选择"有何用（历史和现实作用）。十是"四个选择"过程中的特点和经验教训。

"四个选择"教学和研究涉及思潮、思想、运动、制度、政党、国际影响等多个层次，又具有相通的关联性。在近现代中国发展进程中，马克思主义、社会主义和中国共产党、改革开放是紧密联系在一起的。选择了马克思主义，就必然选择中国共产党，选择走社会主义道路、选择改革开放。

马克思主义是近代西方资本主义发展的产物，其本身带有西方或者德国的民族性。相对于中国社会及其传统文化建设的指导思想，马克思主义是一种外来的西方思潮。但是，马克思主义作为全世界无产阶级革命和社会主义建设的指导思想，又具有世界性。在这个意义上，"选择"才有可能，同时也规定了"选择"以后干什么，即马克思主义中国化才有可能。

2.中国近现代史历史规律和主要经验研究

历史是一个有规律的过程，这是黑格尔首次提出的。中国近现代史基本问题研究，作为马克思主义理论研究一级学科下的二级学科，要将理论研究同解析历史进程、总结历史经验结合起来。中国近现代史基本问题表明，"中国近现代史基本问题研究"是在搞清楚中国近现代历史基本线索的基础上，着重对与"四个选择"紧密相关的基本历史规律和主要历史经验进行研究。它把理论研究同了解历史进程、总结历史经验结合起来；从历史和理论相结合的角度，深入开展对中国革命、建设和改革的历史的研究；深入开展对党的基本理论、基本路线、基本纲领和基本经验的研究；深刻阐明高举中国特色社会主义旗帜是实现中华民族伟大复兴的必由之路；进一步增强人们学习中国特色社会主义理论体系、坚持走中国特色社会主义道路的自觉性和坚定性。这样才能使"中国近现代史基本问题研究"学科很紧密地与"纲要"课程的主要教学目的协调一致，为"纲要"课程的教学提供直接有效的学科支撑。

通常在历史中，一切客观规律都只有通过主观能动性才能得到把握，这跟自然规律是不一样的。所谓的历史规律，它是从主观性回复到客观，把客观把握在主观中，把主观作为客观来把握，才能显示出它的规律性。

就历史学的常识和公理来说，它往往体现一种历史感，一种对历史发展过程中那些具有延续性和始终有效性的内容的领会和把握。"中国近现代史基本问题研究"最基本的研究内容为，中国近现代史基本规律和主要经验（包括内在联系）研究，中国改革开放历史规律研究，中国特色社会主义道路历史规律研究。通过这些研究，揭示、领悟隐藏在转瞬即逝的历史事件背后的基本趋势和运动，寻找赋予历史事件以意义和内容的推动力和各种联系。通过深入研究，使历史规律"浮"出水面，确切地说，是被"托"出水面。历史规律一旦呈现在人们面前，就放射出智慧的光芒。这个光芒不但可以照亮历史，更可以照见未来。这也就是历史规律和主要经验具有"需求法则"的张力。

历史规律和主要经验，也是在主要线索的梳理和历史进程特点的概括中呈现的，这样的研究成果也是"中国近现代史纲要"课程之"纲要"教学所必需的。张海鹏先生主编的 10 卷本《中国近代通史》中第一卷《近代中国历史进程概说》第三章为"近代中国历史进程的若干特点"，它由三部分组成，即第一部分"沉沦与上升，近代中国的 U 字形历史进程"，认为近代中国社会的发展轨迹像一个元宝形，开始是下降，降到谷底（谷底的底就在 20 世纪的前 20 年，在《辛丑条约》签订以后至北洋军阀统治时期），然后上升，升出一片光明。第二部分"近代中国历史进程中的若干转折"，认为近代中国历史发展的转折中，晚清有 4 个转折，即鸦片战争、太平天国农民起义、洋务新政的兴起、义和团运动和八国联军侵略中国；民国时期有 5 个转折，第一个转折为辛亥革命（"谷底"时期"沉沦"与"上升"交替表演的第一回合）；第二个转折为中国共产党成立、国民党一大召开，形成第一次国共合作，导致北洋军阀的垮台；第三个转折为国共合作破裂和南京国民政府的成立；第四个转折为西安事变、卢沟桥事变，由于国共合作共同抗日，空前调动了全民族的救亡意识、民族意识，标志着近代中国"上升"趋势的形成；第五个转折为重庆和谈签订的协议和政协会议的决议不能履行，解放战争开始。第五个转折完成了近代中国历史发展的选择模式，完成了自辛亥革命开始以来的"上升"趋势，也在原则上完成了从旧中国到新中国的转变。第三部为"近代中国资本主义发展的趋向与社会主义的前途"。无疑，这样的研究成果对"中国近现代史基本问题研究"学科建设和"纲要"教学具有重要的参考价值和启迪作用。

历史是开放的，它的规律总是有待于我们去研究、去发现。但历史又不是完全盲目的，在每一阶段我们回过头看，把我们的视野与以往的视野融合，就可以不断加深认识，把握其中的规律性。

3. "纲要"课程教学论

作为马克思主义理论学科所属的"中国近现代史基本问题研究"学科，作为高校思想政治理论课"纲要"直接的重点支撑学科，其学科的实践性必然包括要深入研究"纲要"课的教学重点、难点、热点、疑点理论问题和教学实践，即怎样科学、有效地抓住重点、突破难点、解析热点、直面疑点。这样的研究必须提升至"纲要"课程教学论，具体研究"纲要"教学理念、教学规律、教学内容、教学方法和教学设计。这就涉及如下教学论研究。一是"四个选择"与"纲要"教学；二是价值导向与"纲要"教学；三是历史规律与"纲要"教学；四是话语转换与"纲要"教学；五是原著结合与"纲要"教学；六是史家史论与"纲要"教学；七是学科支撑与"纲要"教学；八是史料运用与"纲要"教学；九是多媒体应用与"纲要"教学；十是师生互动与"纲要"教学；十一是实践性地方教学资源与"纲要"教学；十二是教学设计与"纲要"教学；十三是科学的历史观教育与"纲要"教学；等等。这一层面的研究同样具有主流性、学理性和实践性。

此外，也要研究有代表性的中国近现代史通史，如中国社会科学院近代史研究所 10 卷本《中国近代通史》《剑桥中华民国史》《剑桥中华人民共和国史》和香港中文大学 10 卷本《中华人民共和国史》等。

4. 中国近现代史基本问题的研究方法

一是从学科融合层面来看，涉及历史学、文化学、社会学、政治学等的方法。例如，"历史和人民怎样选择了马克思主义"研究，就涉及文化学的方法，即文化传播、文化接受、文化冲突、文化选择和文化触合等。

二是从视界多维来看，具有多方面结合，即宏观研究与微观研究相结合（宏观的视野、审视与微观的分析和论证，并相互支撑），民族眼光与世界眼光相统一（研究中国近现代史基本问题的世界眼光、国际视野、全球背景），历史审视与现实观照相贯通。例如，"中国特色社会主义道路历史规律研究"，它既有中国近代以来大变革(走向)的研究,也有历史规律性、结论性的揭示。从中国近代以来大变革(走向)来看,第一次大变革是商品经济撞击着自然经济,由此当时历史和人民进行了第一次选择——或闭关自守或"师夷长技";第二次大变革是民主制度撞击着君主专制制度,由此当时历史和人民进行了第二次选择——或墨守成规或变法维新;第三次大变革是新文化运动及马克思主义的传播撞击着封建正统思想,由此当时历史和人民进行了第三次选择——或走资本主义道路或走社会主义道路;第四次大变革是市场经济撞击着计划经济,由此历史和人民进行了第四次选择——或关门建设或改革开放。从揭示历史规律性、结论性来看,建设和发展中国特色社会主义离不开世界,建设和发展中国特色社会主义离不开中国实践,建设和发展中国特色社会主义离不开商品经济、市场经济,建设和发展中国特色社会主义离不开人类社会发展的客观规律。

三是从创新视域层面来看,既然是专门的二级学科,就不能止步于政治性、宣传性,而必须具有学术性、学理性,而学科、学术、学理,贵在创新。从学理的视角看,学术创新具有多方面、多层次,例如,解释原则的创新、概念框架的创新、背景知识的转换、提问方式的更新、逻辑关系的重组,归根到底是"解释原则的创新",也就是以某种独特的基本理念或统一性原理去解释相应领域的理论问题和现实问题。例如,"历史和人民怎样选择社会主义道路",在其宏大的研究视野中涉及制度跨越和历史比较,必须从制度跨越的历史常规性多样性现象、跨越的方式、跨越的对象、跨越的性质、跨越的背景、跨越的主体等角度进行比较研究。

二、"纲要"课与相关课程之间的关系

(一)"纲要"与中学历史课、大学历史课之间的关系

无论是中学中国近现代历史课、大学专业历史课还是"纲要"课,讲授的都是中国近现代史,基本的史实是一致的。只是"纲要"课的政治性更为突出和鲜明。全体大学生必修的公共理论课"纲要",是要帮助大学生通过了解国史、国情,更加明确地增强对共产党、马克思主义、中国特色社会主义的信念。它不是历史专业学生的专业课,而是所有大学本科生必修的思想政治理论课的四个组成部分之一。强烈的政治思想教育性是"纲要"课与中国近现代史专业课显著的区别。

"纲要"课与中学历史课程有区别也有衔接。在教学内容上，中学的历史课程传授的是基本的历史知识和历史线索，"纲要"课从更深层次上探讨历史理论和历史规律。在教学方法上，中学的历史教学是以单向的知识传授为主，"纲要"课更多地与学生进行双向的学术交流与理论探讨，以开阔学生的眼界，激发学生学习和思考历史的兴趣，培养学生的创新思维方法和独立分析问题、解决问题的能力。

（二）"纲要"与革命史、党史之间的关系

"纲要"课与革命史课、党史课，涵盖的内容和范围不同，而且主导思想也有差异。"纲要"所涉及的范围更广泛，包括的内容更丰富，它不仅讲述中国共产党领导的革命建设，还讲述近代以来仁人志士为了民族独立和国家富强而做出的努力和贡献，分析其最终未能成功的原因。中国共产党寻找到了正确的救国之路，代表了近现代中国前进的方向，为中国革命和建设作出了最主要的贡献，因而成为中国近现代史的主角。正是这种较为全面的论述，才可以使学生真正认识近现代中国社会发展和革命发展的历史进程及其内在规律性。

（三）"纲要"与"中国近现代史基本问题研究"之间的关系

"中国近现代史基本问题研究"是马克思主义理论一级学科下所设的其中一个二级学科，其内容比"纲要"课的内容大、宽、深。"纲要"课是"中国近现代史基本问题研究"学科建设的一个方面，作为高校思想政治理论课之一，凸显的是"资政育人"的功能。

（四）"纲要"与其他思想政治理论课之间的关系

与"纲要"课相比，"原理"课是基础。对大学生进行思想政治教育，就是进行马克思主义基本原理教育。不从整体上掌握马克思主义的基本原理，不领悟马克思主义世界观和方法论的真谛，从培养社会主义建设者和接班人的角度看，就不可能是合格的建设者和接班人。从课程之间的关系看，马克思主义的基本原理是指导，离开了这个指导，就不能揭示中国近现代历史发展的规律，教材的编写、教师的教学就不能很好地获得思想政治教育的效果，就难以达到开设"纲要"课的目的和要求。

与"概论"课相比，"纲要"课是基础。"概论"课着重讲授中国共产党把马克思主义基本原理与中国实际相结合的历史进程，充分反映马克思主义中国化的三大理论成果。如果不先对中国近现代史有一个基本的了解和正确的认识，这个"相结合"的历史进程以及在这一进程中产生的理论成果就失去了

"支撑";不了解理论、历史与实践的这种关系,要想把中国化马克思主义理论成果的基本原理讲清楚是不可能的,当然学生也就难以掌握这个问题。所以,相对于"概论"课来说,"纲要"课是基础。它在发挥思想政治理论课自身功能的同时,其所展现的内容客观上为"概论"课奠定了"史"的背景和基础。

第二节　"纲要"课教学的学校支持

一、学校的组织管理

"纲要"课教学的有效运行离不开学校强有力的保障条件,教学支持服务长效机制的建立是促进教学发展的现实诉求,探索高校教学支持服务的发展之路应该日渐成为高校促进教学发展的时代潮流。所以,学校领导与师生要共同努力,营造一个良好的教学环境和氛围,为更好地开展教学创造条件,构建多层次、立体化的教学新体系,促进适合社会发展的人才的培养,落实立德树人根本任务。

（一）提高认识，转变观念

学校要提升高校的教学质量,最根本的是要实现从以教学评估和督导为主的"教学保障"质量观向以教学支持服务为主的"教学发展"质量观的转变,即从强调外部评估保障教学质量转向满足教学发展需求提升教学质量,从以评估督导方式迫使教师保障教学质量转向以支持服务方式"转变教学、促进学习"。高校教学支持服务机构的创建与发展则有助于这一观念的转变,也就是说,在学校教师管理的过程中,管理意识与服务意识应实现有机统一。

（二）重视制度创新

进行制度创新,使高校教学支持服务体系专业化、制度化。学校要把"纲要"课教学当作思想政治建设的重要组成部分,有意识地选择条件好的教师和课程进行试点,积极探索"纲要"课教学实践,建设示范性的"纲要"课教学课程,将理论和实践相结合的教学理念在全校教学中加以实践和推广。同时,学校要修订好学生培养计划,注重对学生的培养。开展"纲要"课教学是一个系统工程，这需要大环境和小环境的共同作用，在对学生培养计划修订时，要按照立德树人的任务培养人才，在各个环节形成注重对学生的思想和能力的培养体系。

（三）重视信息技术建设

信息技术已成为推进信息时代高校教学支持服务组织变革的有力杠杆。学校要相应建设"纲要"课教学的网络平台和教学资源共享平台，为学生的自主学习提供良好的条件，探索基于网络的"纲要"课教学新模式。依托学院的国家级、省部级重点实验室、工程技术中心、校办企业、校内外教学实习基地、校企联合办学等资源，建立大学生科技创新基地，为大学生参与科技创新活动搭建科技创新平台，改革相应的管理办法，使之适应。并且根据"纲要"课教学的不断推进而不断完善与提高。具体来说，要做到如下四点。

1. 教学平台服务的规范化建设

在现代科学技术高速发展的今天，开展"纲要"课教学要利用现代科学技术，特别是计算机技术和网络的优势，搭建网络教学支持平台。利用信息技术架构起来的网络教学支持平台与传统的"纲要"课教学互为补充，从而作为课堂教学的补充和完善，可以为学生提供学习资源、学习场地和学习交流的平台支撑，并且很好地解决学生学习时间、空间、人数受限制的问题。因此，学校要进一步加大教育信息化基础设施建设的力度，进一步完善和优化网上教学平台的设备、设施和教学环境，保持平台的先进性、科学性和稳定性，进一步提高其快速服务响应机制，充分发挥网上互动平台的功能，不断提高"纲要"课教学质量。

这一教学支持平台应具备教师教学辅助服务、学生自主学习服务、学生学习讨论活动服务、学生学习过程管理等功能，成为一种既是教学系统又是学习系统的服务平台，根本目的是为学生营造一个主动学习的学习环境。第一，利用网络教学平台为学生及教学管理提供具有指导性的文件及信息，使学生养成定时上网的习惯，使网上教学活动步入常规化，逐步形成良性互动的网络教学平台，作为课堂教学的补充。第二，利用网络教学平台，开展网上教研活动，研究探索课程教学模式改革与实践。第三，利用网络教学平台，开展网上答疑活动，积极引导学生上网自主、互动、集体学习。

作为网络教学支持平台，"纲要"课要重视自建资源的开发，设置教学内容、教学课件、教学资源库、延伸材料、研究性学习成果展示、社会实践作业展示子系统，还应逐步建立评价系统，并逐步建立起教学方法、辅导作业和实践教学系统，使教师可以及时为学生传递教学信息，实施教学指导，解决学生在学习过程中出现的一些问题，帮助学生主动探索、思考、实践，以吸收和应用知识、分析并解决问题。

2.重视学校图书馆的建设

随着信息社会的到来，知识、信息成为社会发展进步的重要资源，高校图书馆成为高校的信息中心、咨询中心和知识管理中心，因此，高校图书馆在教学中的地位不可取代。图书馆为刚刚进入自主学习活动领域中的学生提供了必要的知识服务，是学生进行学习和研究的非常重要的知识平台。尽管电子书籍、网络资源已经很丰富，但正因为其数量的庞大，且变化迅速，恰恰会影响学生的选择，困扰学生进行学习和研究活动，而纸质书籍的相对稳定性和权威性，对引领学生进入"纲要"课的学习十分重要。图书馆丰富的文献资料和现代信息，为教师的教学和学生的学习提供了帮助。阅读前人研究著作、阅读期刊论文和查询网络资源是大学生搜集资料时较常用的三种途径，学生可以利用图书馆进行广泛的学习研究，就某一个问题的解决寻找理论根据，起到消化、充实、扩展课堂学习内容的作用，学生在其中不仅能开阔视野，广泛获取最新的前沿研究信息，寻找到解决问题的方法，同时也可提高自己思考问题和解决问题的能力。

3.专项经费划拨、模拟场地及校外实践基地的规范化、制度化建设

"纲要"课教学和学习，包括课堂内和课堂外的，校园内和走出校园的教学与学习，都需要一定的经费支持和相对固定的场所支撑。如果这些硬件保障不到位，无疑会影响实践教学的正常开展。为保证和加强"纲要"课教学，各高校要出台用于研究性教学的专项经费划拨文件，以制度化的方式确保"纲要"课教学和学习获得稳定连续的资金支持。同时，任课教师要主动与学校主管部门联系，争取获得研究性教学活动如情景剧演出、微电影拍摄等必需的相对固定的场所和道具设备等。

4.建立有效的教师激励和评价制度

学校要采取相应的激励措施，建立相应的教师激励和评价制度，调动教师开展"纲要"课教学和科研的积极性，同时调动学生参与"纲要"课学习的积极性。开展"纲要"课教学的教师至少应该对学科知识的本质有深刻理解，亲自从事教学研究并将研究成果引入教学，具备多种促成学生成功体验的有效方

法和手段。教师是开展"纲要"课教学的主导者，要从"讲好课"转向如何激励学生的求知欲望，培养学生的研究能力，从而对教师提出了更高的要求。学校在管理过程中更应具有服务意识，注重教师个体发展的具体需要，关注教师价值观的多元化和需求的多样性。管理部门应确立"以人为本"的管理理念，坚持"人的价值高于一切"的理念，承认教师在学校发展中的地位，为教师营造一个平等、民主、宽松、开放的工作环境，尊重教师的人格、尊严和应有的权利，尊重教师的工作，用心倾听教师的呼声，给予理解并尽可能地满足其需求。

在教师的激励机制方面，高校要从制度上予以保障，建立、健全奖惩制度，并切实执行。根据每位教师的综合考核得分情况，通过评选教学先进个人，对教学突出的教师进行表彰，通过教学评估结果的反馈激励教师改进教学，通过制定各种制度为教师的专业发展提供方向和支持，使教师在教学中产生更大的工作动力。对消极对待研究性教学、教学效果很差、学生反映意见大的教师，要通过组织谈话、通报批评等方式，鞭策其进步。

二、教师支持服务

教师是落实立德树人根本任务的主体。我国《教师法》明确规定："教师是履行教育教学职责的专业人员，承担教书育人，培养社会主义事业建设者和接班人、提高民族素质的使命。教师应当忠诚于人民的教育事业。"立德树人是每一位教育工作者不可推卸的责任和使命，在高校，其他专业课教师也承担着立德树人的重任，但思想政治理论课教师和辅导员，尤其是"纲要"课教师，是实施立德树人的主体力量，他们素质的高低、能力的强弱直接关系到立德树人的实际成效。我们要做"四有好老师"，即做"有理想信念、有道德情操、有扎实学识、有仁爱之心"的好老师；要做学生的"四个引路人"，即做学生锤炼品格的引路人，做学生学习知识的引路人，做学生创新思维的引路人，做学生奉献祖国的引路人；要做到"四个相统一"，即坚持教书和育人相统一，坚持言传和身教相统一，坚持潜心问道和关注社会相统一，坚持学术自由和学术规范相统一。

（一）拥有坚定的马克思主义信仰和深厚的理论功底

1.坚定的马克思主义信仰

坚定的马克思主义信仰是教师落实立德树人必备的基本素质。改革开放以来，大部分教师都能努力学习马克思列宁主义、毛泽东思想和中国特色社会主义理论，牢固树立起了对马克思主义的信仰，涌现出了一大批致力于传播马克思主义的坚定的马克思主义者。但是，在高校中有少数教师，他们虽然在口头上讲授马克思列宁主义、毛泽东思想和中国特色社会主义理论，但是这种讲授仅仅是出于职业的需要。如果教师自己对马克思主义不感兴趣、不信仰马克思主义，在教学中就不能激发学生学习马克思主义的兴趣，怎么能让学生接受并坚定学生的马克思主义信仰呢，又怎么能培养学生正确的世界观、人生观和价值观呢，高校立德树人的效果又怎么能真正实现呢? 因此，教师必须坚定对马克思社会主义的信仰，让有信仰的人讲信仰，才能充分发挥在立德树人中的榜样作用。

毛泽东曾说过:"没有正确的政治观点就等于没有灵魂。"[①] 因此，"纲要"课教师自己要有扎实的思想政治理论功底，始终坚持以马克思列宁主义、毛泽东思想、邓小平理论和"三个代表"重要思想为指导，深入贯彻落实科学发展观，学习新时代习近平中国特色社会主义思想;同时要不断学习、刻苦钻研，不断用马克思主义理论武装自己，增强马克思主义理论素养和人文社会科学知识;在课堂上应该注意讲课的态度、言行举止等;在与学生的交流讨论中，不管是课上、课下还是网上（个人微博、QQ 空间、微信群等），都要保持观点的一致性，始终做到表里如一、言行一致。

2.深厚的马克思主义理论功底

深厚的马克思主义理论功底，是教师坚定马克思主义信仰的前提，也是教师对大学生进行马克思列宁主义、毛泽东思想和中国特色社会主义理论教育的基础。"纲要"课教师在立德树人的工作中，只有具有深厚的马克思主义理论功底，才能在教学中运用相关理论深入分析教学中的难点、疑点和剖析纷繁复杂的社会现象，才能帮助学生分析令他们困扰的问题。

教师要具有深厚的马克思主义理论功底。首先，教师要能够深入研读和熟练掌握马克思主义的相关理论，并能够运用这些理论和方法分析问题、解决问题;其次，教师还要对中国化的马克思主义也有较为深入的掌握，能够正确认识毛泽东思想、中国特色社会主义理论，并认识二者同马克思主义之间的关系;最后，教师具有深厚的马克思主义理论功底，不是对理论的死记硬背，也不是仅仅掌握这些理论，而是把这些理论用于分析和解决实际问题。毛泽东曾

---

① 中共中央文献研究室.毛泽东文集　第 7 卷 [M].北京: 人民出版社，1999: 226.

指出："如果一个人只知背诵马克思主义的经济学或哲学，从第一章到第十章都背得烂熟了，但是完全不能应用，这样是不是就算得一个马克思主义的理论家呢？这还是不能算理论家的。我们所要的理论家是什么样的人呢？是要这样的理论家，他们能够依据马克思列宁主义的立场、观点和方法，正确地解释历史中和革命中所发生的实际问题，能够在中国的经济、政治、军事、文化种种问题上给予科学的解释，给予理论的说明。我们要的是这样的理论家。假如要做这样的理论家，那就要能够真正领会马克思列宁主义的实质，真正领会马克思列宁主义的立场、观点和方法，真正领会列宁斯大林关于殖民地革命和中国革命的学说，并且应用它去深刻地、科学地分析中国的实际问题，找出它的发展规律，这样才是我们真正需要的理论家。"①

（二）强烈的教学责任意识

"一个人遇到好老师是人生的幸运，一个学校拥有好老师是学校的光荣，一个民族源源不断涌现出一批又一批好老师则是民族的希望。国家繁荣、民族振兴、教育发展，需要我们大力培养造就一支师德高尚、业务精湛、结构合理、充满活力的高素质专业化教师队伍，需要涌现一大批好老师。"②习近平以言简意赅、意味隽永的论述，指出了教师队伍在教育事业乃至整个国家和民族发展中的关键地位和战略意义。

没有好的教师，就没有好的教育。当前，我国正处于全面深化改革的新时期，教育领域综合改革正在逐步深入，加快实现教育现代化的美好蓝图已经绘就。广大教师身处教育一线，对学生的需求最了解，对教育的问题最熟悉，对改革的必要性、重要性和紧迫性认识更深切，他们是教育改革的先行者、主力军。没有广大教师的认同和参与，没有优秀教师的奉献和创造，没有教师热情和活力的迸发，教育改革就不可能达到预期的成效。我们要从战略和全局高度充分认识建设一支党和人民满意的教师队伍的重要性，切实把这项基础性工作摆在教育事业改革发展的战略位置，始终不渝地抓紧、抓实、抓好。

因此，"纲要"课作用不可替代，"纲要"课教师队伍责任重大。责任是由一个人作为人的资格或角色的资格和能力所赋予，并与此相适应地完成某些任

---

① 毛泽东.毛泽东选集　第3卷[M].北京：人民出版社，1991：814.

② 习近平.做党和人民满意的好老师——同北京师范大学师生代表座谈时的讲话[N].人民日报,2014-09-10(02).

务并承担相应的法律和道德要求。正如前斯坦福大学校长肯尼迪指出的那样，在社会对高校教师的众多期望中，最重要的就是能教好学生，教学责任是高校教师最基本的学术责任。"纲要"课教师肩负着推动习近平新时代中国特色社会主义思想进教材、进课堂、进头脑和培养担当民族复兴大任的时代新人的重任，强烈的教学责任意识是"纲要"课教师认真履行人才培养使命的必要前提。"纲要"课教师要想增强教学责任意识，要求"纲要"课教师在教育教学中不断深化对"纲要"课教学的意义、功能或价值等的认识，进而自主自觉、积极主动实现教学发展、改进"纲要"课教学过程和改善"纲要"课教学效果。教学责任、意识属于认知范畴，认识指导实践，观念影响行动。"纲要"课教师增强教学责任意识是其教学发展的前提，教学责任意识的强烈程度决定了教师对教学的投入，教学责任意识越强烈，教学投入越多，教学越发展，立德树人效果越显著。

在"纲要"课教师教学发展中，增强教学责任意识是教学发展的条件之一，教学责任意识的增强是教学发展的结果之一，前者是过程，后者是结果。就过程而言，增强教学责任意识包括增强教书育人意识、增强教学改进意识、增强教学效果改善意识和增强教学发展意识。就结果而言，教学责任意识增强包括教书育人意识增强、教学改进意识增强、教学效果改善意识增强和教学发展意识增强。

（三）高超的教学能力

1.丰富的教学知识

教学是专业工作，心理学家指出，知识在专业工作中起着关键作用。教师基于教学知识开展教学，借助丰富的教学知识实现教学发展。思政课教学是一项知识性、专业性、综合性很强的工作，"纲要"课教师具备丰富的教学知识是做好教学工作、对学生产生积极影响的先决条件。正如习近平在学校思想政治理论课教师座谈会上指出，思政课教师"视野要广，有知识视野、国际视野、历史视野，通过生动、深入、具体的纵横比较，把一些道理讲明白、讲清楚"。丰富的教学知识是"纲要"课教师教学发展、实现有效教学应具备的相应理论准备，这种理论准备关涉与"纲要"课教学内容相关的理论准备和与"纲要"课教学的组织、实施相关的理论准备。前者是关于"教什么"的知识，涉及马克思主义理论学科知识、时事政治知识和科学与人文社科知识，后者是关于"怎么教"的知识，包括教育专业知识。就知识广度而言，"纲要"课教师教学知识的丰富应当包括马克思主义理论学科知识、时事政治知识、教育专业知识和科学与人文社科知识的丰富；就知识深度而言，"纲要"课教师教学知识的丰富应当包括"纲要"课教师对每种教学知识的熟悉程度、每种知识满足实际教学需求的程度、教师对每种知识的更新频度以及每种知识的来源途径的广泛性等。

2.高超的教学能力

教学能力是教师为达到教学目标、顺利从事教学活动所表现出的多种能力的综合。"纲要"课教师教学能力是教师将教学知识成功运用于教学实践，顺利开展教育教学活动所应具备的能力，包括教师确立"纲要"课教学关系的能力；激发、激活学生接受意愿、接受需要的能力；根据社会要求和学生实际，确立具体教育教学目标、编制教学内容的能力；引导、调控课堂教学活动过程的能力等多个方面。"纲要"课教师教学能力提高是"纲要"课教师教学发展的核心部分，"纲要"课教师教学能力提高包括教学准备能力、教学操作能力和教学反思能力的提高。

（1）教学准备能力。教学从来不是机械传授知识的简单活动，教学成功有赖于教师了解、分析和掌握包括自身在内的各个教学要素以及各个教学要素之间彼此存在的矛盾，需要教师提高教学准备能力。教学准备能力即"纲要"课教师对教学对象、教学目标、教学内容、教学策略与方法和教学情境地分析判断，并在此基础上制定出教学实施的最佳方案的能力，具体包括学情分析能力、教学目标制定能力、教学内容选取能力以及教学方法选用能力。"纲要"课教师教学准备能力事关教学设计的质量，影响教师教学实施和教学效果。"纲要"课教学对象的差异性、教学目标的多元性、教学内容的广泛性、教学方法的综合性和教学模式的探索性要求"纲要"课教师在"纲要"课教学准备阶段深入研究各个教学要素及其本质联系，深挖"纲要"课教学学术性，精心谋划与设计教学。

（2）教学操作能力。教学操作能力是"纲要"课教师依据教学方案，通过运用各种教学策略，以激发、激活教学对象接受学习的意愿、需要，并引导、调控"纲要"课教学活动过程的能力。"纲要"课教师教学操作能力的提高具体包括教学活动组织能力、教学资源呈现能力、教学语言使用能力、教学互动能力和教学应变能力的提高。

（3）教学反思能力。自20世纪80年代欧美教育界提出以教学反思促进教师的发展以来，教学反思被公认为是教师成长或发展的重要途径。教学反思是通过提高教师的自我觉察水平以促进教学能力发展的途径，能帮助他们从经验中学习、在实践中提高。依据"教师的成长 = 经验 + 反思"的理论，提高教师教学反思能力既是高校培养"纲要"课教师以提高其教育教学水平的有效之路，又是"纲要"课教师自主教学发展或成长的有效途径。

关于教学反思的内涵，国外学者认为，教学反思是分析教学技能的技术，是对教学活动本身（尤其是教学技能、教学方法）的深入思考，其目的是通过对自己教学行为有效性的评价，以改变自己的教学行为。[1]国内学者则认为，教学反思是教师为了实现有效教育教学，在教学反思倾向支持下，对已经发生或正在发生的教育教学活动及其背后的理论、假设，进行积极、持续、周密、深入、自我调节性的思考。在思考过程中，能够发现、清晰表征所遇到的教育教学问题，并积极寻觅多种方法来解决问题的过程。[2]"纲要"课教师的教学反思是指，教师为了自身责任意识增强、教学知识丰富、教学能力提高和学生的进步与发展，在课后对自己的教学行为及其由此产生的效果进行再认识、再思考、再探索和再创造，以发现自己教学中的成与败、得与失、优与劣。教学行为及其产生的效果是"纲要"课教师教学反思的内容，具体包括对学情分析、教学目标制定、教学内容选取、教学方式方法选用、教学活动组织、教学资源呈现、教学语言使用、教学互动效果、教学机智展现及其教学效果的反思。

"纲要"课教师教学反思能力与其教学发展成正比，反思能力越强，教学发展越好。"纲要"课教师教学反思能力提高体现为对教学反思目的的认识正确、对教学反思内容的把握准确、对教学反思方法运用恰当和教学反思习惯养成。

（四）良好的师德修养

育有德之人，需有德之师。教师的职业特性决定了教师必须是道德高尚的人群。习近平用"四有"的标准定义了"好教师"，其中"有理想信念""有道德情操""有扎实学识""有仁爱之心"都是对师德的明确要求。

教师的职业道德水平决定着整个教育工作的价值方向。教师在道德生活中

---

① 刘加霞，申继亮.国外教学反思内涵研究述评[J].比较教育研究，2003（10）：30-34.

② 申继亮，刘加霞.论教师的教学反思[J].华东师范大学学报（教学科学版），2004（9）：44-49.

的任何瑕疵，都会对学生的道德成长产生错误的影响；教师在价值观方面的偏颇，直接影响到学生内心正确价值信念的形成。因此，在高素质教师队伍建设过程中，必须坚定不移地把师德建设放在首位，建立健全师德建设长效机制；突出教师国家责任感和社会使命感的教育，带头践行社会主义核心价值观；进一步增强教师职前培养和职后培训中师德教育的针对性和实效性，使师德素养内化于心、外化于行；严格师德考评，体现奖优罚劣，对师德败坏的个别害群之马实行"零容忍"；大力宣扬当代优秀教师阳光美丽、爱岗敬业、无私奉献、事迹突出的新形象，典型引领，注重感召，营造以德立身、立德树人的良好育人环境。

高校"纲要"课教师作为立德树人根本任务的推动者和实践者，应该将坚定的马克思主义信仰、深厚的马克思主义理论功底、高超的教学艺术和良好的师德修养结合起来，在学生心目中树立起良师益友的形象，以自己的身教印证言传，进而使言传化为学生的德行。老一辈无产阶级教育家徐特立曾说过："教师不仅仅是传授知识，更重要的是教人、做人，教育后一代成为具有共产主义品德的人。因此，学师范，做人民教师的人，他的思想品行就显得格外重要。"[1]这就需要大力加强高校教师的师德建设，他们的师德对学生有着潜移默化的影响。

首先，党和国家要明确制定高校教师职业道德规范，形成统一的标准。高校依据《教育法》《教师法》等相关法律，再结合本校发展的实际情况，因地制宜地制定本校教师的职业道德规范，为教师的选拔及教师的工作提供参考标准，以便教师自我约束、自我调节，增强教师工作的自觉性。其次，不断营造师德建设的良好氛围和育人环境。通过表彰先进教师，宣传先进教师的事迹，用先进的人物和事迹来展现优秀教师的道德情操、思想素质，让其他教师及学生在这种良好的氛围中得到潜移默化的熏陶和感悟。再次，加强对高校"纲要"课教师的师德教育培训。可以定期组织教师进行中国特色社会主义理论的轮训，了解他们的思想状态及对当前社会热点问题的观点和看法，增强马克思主义的理论功底。最后，要完善高校师德评价机制，把教师的职业道德评价纳入教师的考核范畴，建立学校、教师、学生"三位一体"的师德考评制度。

师德建设有许多途径，但归纳起来有两点，即内因和外因，也就是要靠教

---

① 　中央教育科学研究所.徐特立教育文集[M].北京：人民教育出版社，1979：209.

师自身和外界的力量来加强师德建设。在复杂多变的环境中通过修身养性、内省自律也是能够达到完美的人格和道德素质的提高；但在市场经济时代，物欲横行，面对的诱惑越来越多，自身能不能做到克制，能不能做到"富贵不能淫，贫贱不能移，威武不能屈"，这也需要外因来引导。"纲要"课教师要教导学生树立正确的世界观、人生观、价值观和道德观，自身必须先树立起正确的世界观、人生观、价值观和道德观，并且教育管理部门和各个学校要将师德建设作为教师考核、聘任和评价的首要内容。

总之，广大的"纲要"课教师要以习近平提出的"四有好教师""四个引路人"和"四个相统一"为标准，严格要求和努力提高自己。这些标准一脉相承、系统完整，形成了对广大教师思想、道德、学识、能力、作风、纪律等方面全方位的要求，赋予了人民教师神圣的职责使命，是新时期进一步加强教师队伍建设、培养高素质专业化创新型教师的行动指南。"纸上得来终觉浅，绝知此事要躬行。"习近平对广大教师提出殷切的希望，党和人民对好教师给予了无限的期待，广大教师也必须以身作则、身体力行，以习近平提出的"四有好教师""四个引路人"和"四个相统一"的标准来严格审视自己，静心教书、潜心育人，把自己的青春和智慧奉献给祖国亿万的孩子们，成为实现中华民族伟大复兴"梦之队"的"筑梦人"。

三、学生学习支持服务

作为教育"纲要"课落实立德树人根本任务的对象，学生自身的认知对立德树人根本任务的实现起着十分关键的作用。

（一）提升学科核心素养

1.提升政治认同素养

政治认同素养对个人成长方向和理想信念的树立至关重要。大学生通过对"纲要"课的学习，可加深对中国共产党的拥护，对中国特色社会主义的坚持和发展，对国家、民族及文化的强烈认同，并树立中国特色社会主义理想信念，作为未来生活中的精神支柱。大学生拥有强烈的政治认同感，才能不断完善自身世界观、人生观、价值观体系，从而在当前复杂的社会环境中作出正确的价值判断和价值选择，用自己坚定的政治立场和道德原则应对现实生活中的各种挑战，逐步使自己成为有信仰的中国公民。此外，大学生要把个人的发展同中国特色社会主义的共同理想联系起来，树立建设中国特色社会主义的理想信念，使自己成为有信仰、有理想的时代新人。

2.提升科学精神素养

科学精神即崇尚理性、尊重规律、实事求是、开拓创新等。科学精神是一个人成长路上必备的思维品质，有助于我们更好地认识世界。大学生通过对"纲要"课程中历史发展规律的学习，了解并掌握其真正内涵，并学会将理论知识运用到实际生活中，使自己的思辨能力得到进一步提高，能够用历史的、发展的、辩证的、创新的眼光看待周围事物，拒绝愚昧呆板、迷信盲从。同时，大学生科学精神素养的提升，还体现在观察问题、分析问题和解决问题能力的不断提高，面对生活和学习中遇到的困难，敢于打破固有思维，创新解决方法，使自己成为思想坚定、锐意进取、实事求是、勇于担当的时代新人。

3.提升公共参与素养

"纲要"课的目的之一是让学生增强对历史和国家发展的了解，提高社会参与意识和能力，从而能够积极投身到社会主义建设之中。因此，全面坚持"以人为本"是"纲要"课的宗旨。学生在"纲要"课堂学习中自身主体意识不断得到增强，能够认清自己在国家和社会中的角色和价值，并积极主动关注国家和社会的发展，提升爱国主义和集体主义精神，并通过参与公共生活强化自我内驱力，使自己的行为能力得到提升，更加积极地参与到社会生活实践中，承担自己的社会责任，在实践中收获幸福感，使自己成为有能力、有担当的时代新人。

（二）端正学习"纲要"课的态度

要想让大学生乐意接受"纲要"课并对其产生强烈的学习动机，就必须让他们端正自身学习"纲要"课的态度，认清这门课程的育人作用。首先，培养学习兴趣。兴趣是最好的老师，学生一旦对一门学科有了浓厚的学习兴趣，就会有学习的动力，并主动投入到该学科的学习当中。因此，大学生要不断培养自己对"纲要"课的学习兴趣，利用假期时间主动到社会上去实践生活、体验生活，主动将学到的实践理论知识运用到实际生活中去，体验运用"纲要"课学习的成果解决实际问题的快感。其次，养成关注时事政治的习惯，提高政治敏感度。大学生作为新一代中国特色社会主义建设者和接班人，要注重提升自身家国情怀，要紧跟时代步伐，及时掌握社会变化趋势，关心国家大事，提高政治敏感度，以积极、求知的心态学习"纲要"课。最后，主动求教教师、同学。大学生应该从自身实际出发，在学习"纲要"课中遇到无法解决的难题可以主动寻求教师、同学的帮助，找到适当的学习方法顺利解决问题，以此增加学习"纲要"课的信心。

（三）重视"纲要"课的学科价值

"纲要"课是落实"立德树人"根本任务的关键课程，其本身既具有宽泛的学科背景，又具有丰富而重要的德育功能，是其他任何课程都无法替代的。"纲要"课主要是系统地对学生进行历史教育和马克思主义常识教育。通过该课程的学习，让学生更加热爱自己的祖国，拥护中国共产党的领导，并帮助学生树立正确的世界观、人生观和价值观，提高分析问题、解决问题的能力，使学生成为具有良好政治思想和历史素养的公民。由此可见，"纲要"课的设置，对青年学生的健康成长和学校教育工作起着导向作用、动力作用、保证作用。大学生要发自内心地认同并重视"纲要"课的学科价值，认识到它是一门重要的课程，有助于自身核心素养的提高和自我价值的实现。学生只有认识到"纲要"课的价值和用处，他们才会不自觉地喜欢上这门课程，"纲要"课的德育功能就能很好地作用在他们身上，进而更好地促进"纲要"课立德树人根本任务的实现。

（四）做到知行合一

2015年，中共中央办公厅、国务院办公厅联合印发《关于进一步加强和改进新形势下高校宣传思想工作的意见》，指出："要着力增强大学生思想政治教育针对性实效性……广泛开展各类社会实践和公益活动。"2018年4月26日，教育部出台的《新时代高校思想政治理论课教学工作基本要求》中，明确指出要"从本科思想政治理论课现有学分中划出2个学分、从专科思想政治理论课现有学分中划出1个学分，开展本专科思想政治理论课实践教学"。这些中央文件强调理论教学与实践教学有机结合，从而使学生做到言行一致、知行合一。

正确衡量"纲要"课教育科学性、合理化成效的标准，关键要看学生是否能够做到知行合一。言行一致、知行合一应该成为立德树人根本任务在行为效果层面的导向和要求，与新时代立德树人根本任务的要求深度契合。王阳明说："未有知而不行者。知而不行，只是未知。"[①]大学生在接受"纲要"课的教育过程中，如果不注重亲身实践，只是满足于课本上的理论知识，坐而论道，

---

① 王阳明.传习录[M].太原：三晋出版社，2019：45.

那么主观意识就无法见之于客观行为，潜在品质就不能变为显性精神，理论知识的社会价值和现实意义就不能很好地实现。因此，大学生要把课堂上学到的理论知识与社会实践活动相结合。

第三节　"纲要"课教学的社会支持

一、政府干预，提供政策和资金支持

（一）政府政策支持

加强立德树人建设，离不开政府政策的激励与支持。改革开放以来，关于德育工作的政策经历了探索与孕育，颁布与试行，深化与发展三个阶段。系统梳理改革开放以来德育政策的发展历程，对于指导新时代立德树人政策的制定具有重要意义。改革开放以来关于德育工作的政策大致经历了四个时期。第一阶段是探索时期，主要标志是 1980 年教育部、共青团中央联合发出的《关于加强高等学校思想政治工作的意见》。1981 年，党的十一届六中全会通过的《关于建国以来党的若干历史问题的决议》，指出教育的主要目标在于培养又红又专、德智体几方面都得到发展的有社会主义觉悟的专门人才，同时纠正"文化大革命"给学生带来的负面影响。第二阶段是完善时期，主要标志是 1994 年发出的《中共中央关于进一步加强和改进学校德育工作的若干意见》。这一时期，一系列政策的出台对学校德育的具体目标、内容、原则、途径等进行了全面规定。重点强调学生创新精神和实践能力的培养，体现了与时俱进的时代精神。第三阶段是进一步深化时期，主要标志有 2004 年中共中央、国务院出台的《关于进一步改进和加强大学生思想政治教育的意见》（以下简称《意见》）。该《意见》强调，课堂是思想政治教育的主渠道，同时应重视党团组织建设工作。第四个阶段是改革创新时期。2013 年，《中共中央关于全面深化改革若干重大问题的决定》中强调，要深化教育领域的综合改革，坚持立德树人、创新人才培养体制。2017 年，党的十九大报告中再一次重申教育要落实立德树人的根本任务。2019 年，中共中央办公厅、国务院办公厅印发了《关于深化新时代学校思想政治理论课改革创新的若干意见》。这为新时代立德树人沿着改革创新的道路前进提供了方向指引。

立德树人政策发展历程证明，政策制定只有符合时代发展要求，实事求是、与时俱进、改革创新，才能不断激发立德树人的前进动力。一是政策制定要坚持实事求是的原则，重视调查研究。任何政策的制定和落实都离不开前期调查研究工作的开展。对于立德树人政策制定而言，就是要走近教师和学生，倾听他们的意见和心声，解决教师和学生最期盼、最急迫、最需要的问题。这样才能获得第一手资料，保证政策制定的科学规范。二是政策制定要坚持与时俱进的原则。新时代立德树人的主体、客体、环境等方面发生了深刻变化，以往的政策已不能满足时代发展的要求。立足于基本国情、校情、生情是制定政策的根本依据。三是制定政策要坚持改革创新的原则。立德树人建设没有既定的经验，如同我国社会主义现代化建设，都是摸着石头过河，一边探索一边总结。不摸索、不尝试永远不会知道哪条道路更合适。因此，立德树人需要突破固定思维，在改革创新中积累宝贵经验。

（二）政府介入，推进高校教学支持服务机构建设

政府的介入有助于推进高校教学支持服务机构的建设。这也是短时间内提升国内高校教学支持服务层次和水平、促进高校教学质量发展的重要途径。高校自身作为"象牙塔"具有一定的保守性，如果没有外部压力的推动，要在短时间内完成高校教学支持服务的制度创新是不太可能的。政府介入，推进我国高校教学支持服务机构的建设，加快高校教学支持服务的组织化进程是高等教育教学发展所必需的，也是可行的。当然，政府的介入并不是指政府对高校的行政干预，而是通过设立教学支持服务基金和优秀高校教学支持服务中心评选、资助等方式推动高校加快建设本校教学支持服务机构的进程。

二、加强与家庭的沟通交流

进入大学校园意味着大部分学生已成年，在地域方面，与父母之间产生空间上的代沟；在心理方面，和父母产生思想上的代沟。探索高校与家庭之间的互动机制有利于立德树人工作的深入开展。一是有利于深入了解大学生身心发展特点，从而有针对性地开展施教工作。成长于团结和睦的家庭中的大学生心智发展比较健全。对比之下，在单亲家庭、离异家庭环境下成长的大学生容易产生心理问题。高校只有加强与家庭的沟通，才能找到心理问题存在的原因并

制定科学的解决方法。二是有利于形成高校、家庭之间双向互动的教育合力。要充分调动"纲要"课教育系统内部教师、家长、学生等要素，实现和谐统一。因此，高校应利用现代传播媒介如微信群、腾讯会议等定期开展家长会、家访、家校文化节等活动，增强教师与家长、学生与家长之间的沟通交流，了解学生在家庭、学校各方面的表现，从而使立德树人工作的开展更适应家长、学生的现实需要。高校应当动态地为每个学生建立个人家庭资料档案，保证教师在岗位流动过程中实现对学生的全面了解。

三、广开社会资源，建立思想政治教育基地

完善的社会支持体系是提高教学实效的保证，是教学研究得以顺利和可持续开展的重要补充条件。因此，要广开社会资源，建立思想政治教育基地，为学生开展社会实践活动奠定基础，这也是研究性教学必不可少的一个物质条件。推进理论与实践相统一的教学模式是研究性教学的一个发展方向。目前，可从两方面着手获取社会支持。

（一）建设校外实践教学基地

与校内固定教学场地和设备的易于获得相比，校外社会实践教学的场地和设备不容易保障。不少高校在一些红色革命圣地、名人故居、大型国企、工业园区、新农村建设示范村等挂牌成立了相对稳定的实践教学基地，但由于种种原因，很多变成了不定时的旅游与参观，教学效果并很理想。因此，各高校应根据学校、所在城市、教师和学生等方面的特点，建设灵活的、有特色的实践教学基地。学校处于历史文化名城，则可以利用历史文化遗址的资源，如北京的高校可借助北京市的资源；处于革命老区城市的高校则可以利用当地"红色"人文资源；处于改革开放前沿城市的学校则可以利用改革开放的新成果资源。这些资源都是新时期进行研究性教学可以借用的新方法、新途径，是学生的特殊课堂和鲜活教材，是新时期进行"思想政治教育课"教学的独特载体。

（二）延揽优秀社会德育资源入校

除了让学生走出校园走向社会外，我们也可以把社会的优秀资源请进校园。学校可以邀请纪念馆、博物馆和爱国主义教育基地来校举办专题展览和专题活动，邀请一些参加过革命战争的老战士走进校园举办报告会；举办革命历史题材影视作品展、书画作品展、文艺演出；大力开展大学生校内志愿服务活动；等等。社会资源进入学校后，会增强学生与社会、现实的沟通交流，促使

他们思考社会问题、现实问题，寻找解决问题的办法。学生通过与社会的种种交流活动，深化和拓展了研究性学习的内涵。

构建高校"纲要"课教学模式的支持服务体系的是一个系统工程，这个体系是开放式的系统，由多面体构成，它包含的因素既有主观的，也有客观的；既有传统的，又有现代的；既有网络的空间，又有现实的基地；既有教师、学生，也有相关的管理人员、人民大众参与。高校要下大力培养具有研究性学习能力的学生，社会也要为教育营造一个良好的社会氛围；学生学习的主要场地在学校，但也应走出校园，多参加社会实践，把理论和实践相结合，在实践中磨炼自己，提升研究能力，开拓创新意识，增强实干能力，使自己成为合格的社会主义事业接班人。

"纲要"课要落实立德树人根本任务，培养人、教育人不仅是教师课堂上的责任，还是学校文化建设的责任，更是社会的责任。

第三章　通过史料应用落实立德树人根本任务

历史是最好的教科书。"纲要"课教师通过史料应用，培养学生的唯物史观和历史思维，增强学生的爱国主义情怀，有助于更好地落实立德树人根本任务。本章主要包括"纲要"课教学中史料应用的意义、"纲要"课教学中的常用历史资料以及"纲要"课教学中史料应用的策略与注意事项。

第一节　"纲要"课教学中史料应用的意义

历史资料是历史研究和教学的基础。历史已成为过去，不能重现，人们的历史实践过程，只能通过各种史料的记载直接或间接地保存下来，而只有占有大量的史料，才有可能恢复历史的真实面目。在"中国近现代史纲要"课的教学中运用历史资料，可以达到增强理论的说服力，避免空洞说教，提升教学效果的作用。著名清史、中国近现代史研究专家戴逸在谈近代史料研究的重要性时指出："马克思主义不赞成用史料学去代替历史科学，但历史研究必须以史料的搜集、整理、排比、考证为基础。史料的突破常常会导致研究的突破，修正或改变人们对重大历史问题的看法。"[1]

---

[1]　戴逸. 戴逸自选集 [M]. 北京：学习出版社，2007：77.

一、史料的概念

所谓史料，就是研究历史所需要的各种资料。既然历史是过往的全部，那么从逻辑上说，过往社会遗留下来的一切资料皆可作为史料。这就是史料广义的概念。按性质，广义的史料可以分为三大类，一类是实物史料，另一类是口传史料，再一类是文献史料。

实物史料是指存在于世界上的一切与人类历史发展有关的实物。从一块经过初步加工的石头、一枚古人类的牙齿、一处古遗址、一幢古建筑到以往人们所使用过的、制作成的甚至接触过的一切物品，都可以作为实物史料。陈列于博物馆中的实物，绝大多数都是实物史料。年代越久远，实物史料就越显得重要。例如，原始社会的历史，因为没有文字依据，基本上就只能依靠实物史料。

口传史料主要是指传说和民歌。远古人类没有文字，或文字很不普及，一些少数民族的人民，直至新中国成立前夕尚无文字，他们的历史，大多借助于传说和民歌得以保存。

文献史料，也称"文字史料"，即用文字记载的历史资料，在三种史料中占有最重要的地位。今人学习和研究历史，大多依靠文献史料。所谓狭义的史料，指的就是文献史料。

在"纲要"课的研究性教学中，最基本也最经常使用的就是文献史料。具体来说，"纲要"课研究性教学中运用的文献史料可大体分成三类。

第一类，原始文献，包括史书、档案文书类、文件、日记、回忆录等。

第二类，撰述史料，即反映当时人的思想、观念以及学术发展的各种历史著述。

第三类，文艺史料，即包括丰富历史内容的文艺作品，如诗歌、民谣、小说、戏剧等，它们是以艺术的形象来反映历史社会生活的。

二、"纲要"课教学中史料应用的意义

以习近平"历史是最好的教科书"[1]"要具有历史眼光，能够从以往的历史中汲取经验和智慧"[2]等表述为引领，构建"纲要"课史料教学模式。以重大问题、重要热点、难点、疑点为中心，通过科学的史学方法训练、逻辑训练，培

---

[1]　习近平.论中国共产党历史[M].中央文献出版社2021：7.

[2]　习近平.领导干部要读点历史.学习时报2011-09-05（01）.

养大学生养成正确的历史观，拓宽历史眼光，增强正确认识中国与世界发展规律与形势的能力。

首先，以史料教学为基本途径，帮助学生掌握历史工具，全面提升史学素养，是学习贯彻习近平"历史是最好的教科书"的重要论断，培养学生家国情怀，自觉担负起时代使命的必然要求。

在"纲要"课的教学实践中，要通过精选典型的史料来提升教学效果，筑实中国近代以来"四个选择"的历史逻辑，使学生能够自觉树立"四个自信"，坚定跟党走，肩负起历史与时代交付的中华民族伟大复兴的光荣使命。

其次，以史料教学为基本方法，帮助学生树立正确史观，掌握历史唯物主义，以应对历史虚无主义的挑战，是新形势下"纲要"课的教学新任务。

近年来，为了适应西方国家对我国实施和平演变战略的需要，历史虚无主义思潮再次兴起。历史虚无主义通过网络等媒介，借"学术研究"的名义，将自身装扮为学术公知，利用大学生猎奇、反传统和崇外的心理，以宣扬西方价值理念来淡化意识形态、消解政治认同；以大学生最常接触的传播形式，娱乐化、庸俗化历史史实，以颠倒黑白、混淆视听；利用各种自媒体不断炒作当前社会中的不良现象，随意剪裁、虚化历史，诱导学生走向思想的误区，造成受众群体思想和价值的混乱。因此，"纲要"课的课堂只有以客观、公正、全面的史料来有效提升教学效果，才能揭露历史虚无主义的各种伎俩，培育大学生正确的历史观，培育其对党、国家和民族深厚的认同情感。

再次，以史料教学为基本手段，培养学生学习历史的兴趣，增强学生的历史事实辨识能力，是增强课堂教学吸引力、有效提升教学效果的现实诉求。

以互联网技术、无线通信技术以及自动化技术为特征的信息革命无疑影响到高校思想政治课堂。以慕课为代表的免费大学网络教育风生水起，知识的获取变得十分容易。我们的思想政治课堂受到巨大冲击，具体表现为上课时抬头的少了，看手机的多了；看书的少了，听故事的多了；课堂提问的少了，网上议论的多了；严肃性的少了，媚俗戏谑的多了。面对种种新的变化，我们不能视而不见。正确的态度是在政治性、思想性和原则性的问题上要坚定不移，同时在教学内容、教学方法上不断创新，提高课堂的针对性、吸引力、说服力，把学生从手机的巨大诱惑中拉出来。这样才能在移动互联时代推陈出新，使思政课教育取得丰硕的成果。

最后，以史料教学为基本要求，培养学生严谨的学习态度，掌握学术研究的基本方法,是"纲要"课的历史学科特点与思想政治理论课性质内在交叉融合的自然需求。

"纲要"课这门课程非常特殊。第一,它是一门思想政治课,是采用学习历史的方式来达到思想政治教育的目的,具体而言就是中宣部和教育部《关于进一步加强和改进高校思想政治课的意见及实施方案》中要求的"两个了解"和"四个选择"。第二,它又兼具历史学的学科特征、规律、原则、研究方法。传统的教学模式是学生被动接受的过程,往往是对"既定的"史实和结论进行复述、记忆,而忽视历史学"论从史出"的基本要求。基于此,将史料教学应用于"纲要"课教学,充分契合了"纲要"课的课程特点。将各种史料引入课堂,使学生从历史证据中建构过去,梳理历史逻辑——历史的因果关系和历史的规律,增强学生认识和分析历史的能力,使他们能够使用科学的历史观分析和评价历史问题、辨别历史是非和社会发展方向,从而达到思想政治教育的目的。

第二节 "纲要"课教学中的常用历史资料

史料有很多种类,如文件、报刊、档案、口述史、回忆录、资料汇编、丛稿、丛刊、文集、人物传记、著述等。这里重点介绍中国近现代史纲要教学中常用的七种历史资料。

一、历史文件

历史文件是历史的记录。它们记述了某一时期某一方面的历史情况和历史实际。这些文件包括国家、政党和群众团体的决议、宣言、指示、命令、总结等,从中央文件到地方文件,从政治文件、经济文件到军事文件、外交文件等形式多种多样。这些文件在实践中形成,在实践中发展,可以看出国家、政党理论形成和实践的过程。

1941—1942年,中国共产党也多次征集并陆续公布革命文件,比较系统地刊行文件汇编,如文献集《六大以来》(收录文件500多件)和《六大以前》(收录文件近200件),1957年由中宣部编印、"文革"后重印的《中共党史教学参考资料》中共中央高级党校（8册）、中国人民大学（14册）、中国人民解放军政治学院（11册），中央档案馆编辑的《中共中央文件选集》18卷，以及《建国以来重要文献选编》《三中全会以来重要文献选编》及之后以历次党的代表大会而编写的《十二大以来重要文献选编》到《十九大以来重要文献选编》等。研究这些文件，可以了解中国共产党在各个革命和社会主义建设阶段总路线的形成和发展，了解马列主义是如何与中国革命实践相结合的，毛泽东思想如何发展和胜利的，从而更好地总结历史经验。

共产国际、苏联和中国革命的关系，是"纲要"课教学中必然要涉及的一个重要的问题。共产国际代表大会、执行委员会全会、主席团会议、书记处及其他机构的文件具有重要价值，收集这方面教学资料时，也要多花些功夫。其中，重要的有共产国际文件的译本《共产国际文件集》、中国社会科学文献出版社出版的《苏联历史档案选编》和中共党史出版社出版的《共产国际、联共（布）与中国革命文献资料选辑》。

二、学术专著

近些年，随着中国近现代史研究的不断深入，一些有影响的著述不断涌现。其中，很多著述（包括未出版的学位论文）引用了大量的新资料，提出了很多新观点，在研究方法上也注重创新，可以使我们获得最详尽、最具体的信息资料，是其他资料所不能比拟的。

著名历史学家陈旭麓的遗著《近代中国社会的新陈代谢》，经过其朋友整理后由上海人民出版社出版。此书史与论有机结合，通过充满激情而又思辨的论述，阐明近代社会新陈代谢的规律，并用生动的文笔表达出来，引人入胜。本书对所涉及的事件，不论是重大史事，还是和一般人生活有关的事件，都能放在当时的历史条件下进行具体分析，是很有价值的学术著作，可以作为我们教学中非常重要的参考书。中国社会科学院研究员夏春涛的著作《天国的陨落——太平天国宗教再研究》，是研究太平天国史的一部力作，尤其是结语《太平天国宗教"邪教"说辩正》观点鲜明，值得一读。

华东师范大学教授杨奎松和沈志华都非常重视历史档案，杨奎松的《毛泽东与莫斯科的恩恩怨怨》、沈志华的《毛泽东、斯大林与朝鲜战争》是研究中苏关系和朝鲜战争的重要著作，是他们综合可资利用的最新的档案文献及相关的口述史料写成的，具有重要的学术价值和史料价值。

首都师范大学出版社出版的李玉荣的著作《中共接管城市的理论与实践》，系统研究了新中国成立前后中共对城市的成功接管，具有重要的学术价值，其中包括中国共产党城市接管理论的形成和运用，具体的又有接管国民党官僚资本、处理劳资关系的政策等。对资本主义和非公有制经济的认识与政策正确与否是关系到我们的事业兴衰成败的全局性战略性问题，中共党史出版社出版的《中国共产党对资本主义和非公有制经济的认识与政策》，对此作了系统的阐述。以中共私营经济政策的形成和贯彻为主线的研究，有影响的代表作有吴序光主编的《中国民族资产阶级历史命运》《风雨历程——中国共产党认识与处理资本主义和资产阶级问题的历史经验》，王炳林主编的《中国共产党与私人资本主义》，石仲泉的文章《历史的经验与启示：正确处理社会主义与资本主义关系是中华民族复兴的关键》，杨奎松的文章《建国前后中国共产党对资产阶级政策的演变》，等等。

三、档案资料

一般说来，档案资料是具有原始记录性质的历史资料。新中国成立前的档案包括革命历史档案和旧政权档案，旧政权档案中国民党、汪伪、北洋军阀档案主要保存在位于南京的中国第二历史档案馆。此外，还有清代的历史档案。

中国近代史档案十分丰富，有清代档案、民国档案、海关档案、洋行商行档案、银行档案、教会档案以及各省各地的公私档案。这些档案是研究近代史的珍贵资料，不少档案已整理出版。下面着重介绍清宫档案和民国档案。例如，故宫博物院明清档案部（后为中国第一历史档案馆）编《清代档案史料丛编》多辑，已由中华书局出版。此外，还有《戊戌变法档案史料》《义和团档案史料》《义和团档案史料续编》《清末筹备立宪档案史料》《鸦片战争档案史料》《清代档案史料——圆明园》《清政府镇压太平天国档案史料》等。

民国时期档案主要收藏在位于南京的中国第二历史档案馆，已整理成书出版的有《中华民国史档案资料汇编》，包括北洋政府时期的档案资料《辛亥革命》《南京临时政府》和国民政府的资料《从广州军政府至武汉国民政府》《中华民国史档案资料丛刊》，还包括《善后会议》《民国外债档案史料》等。其他还有《中国海关密档》《中国关税史料》《清末海军史料》《民国外债档案史料》《中华民国海军史料》等。

新中国成立以来中央和地方各级机关、部队、团体、工矿企业等形成的档案，主要收藏于中央档案馆和各地档案馆以及各机关和企、事业单位中。比如，上海市档案馆有关私营工商业的案卷，反映了上海私营工商业的历史发展、新中国成立后的历史变迁，特别是从解放初期到完成社会主义改造时期的工商业者的心理状况等资料，非常珍贵，很多是没有整理出版的。中国社会科学院、中央档案馆编辑出版的大型经济学术资料《中华人民共和国经济档案资料选编》，全面完整地回顾和总结了新中国经济建设的历史经验和教训，是中国社会科学院和中央档案馆的研究管理人员查阅数以亿计的档案资料编辑出版的，为研究中华人民共和国建立初期的经济背景、经济体制变革以及经济运行提供了丰富详尽的学术资料，并被广泛运用于学术研究和教学中。

四、资料汇编

与中国近现代史有关的资料汇编非常丰富。中国近代史资料有《中国近代史资料丛刊》，其中包括《鸦片战争》《第二次鸦片战争》《洋务运动》《中法战争》《中日战争》《戊戌变法》《义和团》《辛亥革命》《北洋军阀》以及《中国近代对外关系史资料选辑》《中国近代工业史资料》《中国近代农业史资料》《中国近代铁路史资料》《中国近代教育史资料》等。四川人民出版社出版的三卷本的《日本军国主义侵华资料长编写的〈大本营陆军部〉摘译》，中国人民政治协商会议全国委员会文史资料研究委员会编《文史资料选辑》及各省市政协编写的地方《文史资料》，中央工商行政管理局、中国科学院经济研究所编写、中华书局出版的《中国资本主义工商业史料丛刊》之《永安纺织印染公司》《上海民族橡胶工业》《中国民族火柴工业》《上海民族机器工业》《旧中国机制面粉工业统计资料》《中国近代面粉工业史》《上海民族机器工业》等，所选资料比较系统，能给研究者提供方便，是研究近代以来中国资本主义工商业发展状况的非常重要的参考资料。

物价问题是整个社会经济发展的一面镜子，在中国近现代史教学中要讲授中国近现代经济社会的发展和变化，物价是一个重要方面。上海在中国经济中占有重要地位，极具代表性，由中国科学院上海经济研究所、上海社会科学院经济研究所编，上海人民出版社1958年出版的《上海解放前后物价资料汇编》，收集了1921年到1957年上海批发物价指数和上海物价统计资料等，并围绕这些资料，对各个时期上海物价的演变过程进行分析概括，为我们提供了宝贵的资料。

此外，中共中央党史研究室组织编写的全国专题史料丛书《城市的接管与社会改造》，内容包括党对城市接管工作的指导方针和实施、没收官僚资本、保护民族工商业、正确处理劳资关系、抑制通货膨胀稳定市场等多方面。中共党史出版社出版的《中国资本主义工商业的社会主义改造》中央卷及各地卷，把从新中国成立到1956年中国资本主义工商业社会主义改造基本完成的资料，按照中央、地方分编成卷，是研究这一重要历史时期的珍贵资料。每卷中又有文献资料（编选的大都是历史档案）、大事记、统计表及典型专题材料等类别。

五、口述史料

口述史、回忆录具有亲历性、具体性、生动性。历史要充分发挥其启迪民众的社会功能、教育大学生、完成立德树人根本任务的作用，口述史料的使用是一种非常有效的手段。

我们的革命前辈用自己的鲜血和生命开辟了中国革命的胜利道路，也用他们的心血为我们留下了大批宝贵的财富，他们的回忆录对教育大学生具有重大意义。大量的老一辈革命家的回忆录陆续出版，如《何长工回忆录》《张震回忆录》《彭德怀自述》《黄克诚自述》、李维汉的《回忆与研究》、薄一波的《若干重大决策与事件的回顾》等。

外国友好人士撰写的有关中国革命和建设的见闻、回忆录，为数不少。例如，美国新闻记者埃德加·斯诺的《红星照耀着中国》，即《西行漫记》，书中包含了大量共产党人的传记材料。

口述史、回忆录从特定视角留下了生动的历史记录。通过开展口述史来拓展研究视野，可以帮助我们分析理解问题的思路。教科书国史部分受篇幅的限制，更多反映的是党领导国民经济恢复和进行社会改革的理论、路线、方针、政策，教师在教学中应该有意识地去补充这个时期普通民众的生产、生活状况和当时大多数人的社会心理等方面的资料，弥补与修正史料的不足，给人们提供更多元的视角，深入解读历史，贴近生活，让历史的血肉更加丰满，使学生更易于接受。口述史"突破了以往历史著述偏重于政治和上层、较多地'自上而下'写历史的传统，使普通人的生活、社会的变迁、人民大众对历史的认识更多地走进了史学领域，从而有助于把'自上而下'写历史和'自下而上'写历史结合起来"[1]。

---

[1] 夏莺.口述史学及其对史学发展的作用 [J].黑龙江史志，2012(9):35-36.

六、历史遗迹和场景是特殊的资料

各地都有许多被国家或当地政府定为学生的爱国主义教育基地，它们都是对学生进行国情教育和爱国主义教育的好教材。在实践教学中，教师要充分利用这些教材。这些特殊的资料、场景能使学生感受到历史的气息，把单纯的课堂教学与社会实践结合起来，营造出生动活泼的教学氛围，是对课本知识进行的特殊的补充和延展。

七、历史纪录片及历史题材的优秀文化产品

文献纪录片是一种"记录"的艺术。历史文献题材的纪录片可以说是一部"编年史"，它把过去忠实记录的珍贵历史资料，利用直观的影视画面，呈现在观众的面前，用真实的史实、真实的画面和声音、生动有趣的事例来阐释抽象的道理，进行客观的评说，让观众感受和领悟历史的变迁。除了呈现事实外，思想内容也是文献纪录片历史价值的一部分。

近些年来，有很多有影响的大型文献纪录片制作发行，其中很多成果可以为我们教学所用，如《周恩来外交风云》、《新中国》（16集）、《改革开放20年》《毛泽东》（12集）、《邓小平》（12集）、《共产党宣言》（2集）、《陈云》（8集）、《幼童》（5集）、《长征》（8集）、《东北抗联》（8集）等。又如，陈云诞辰一百周年时，中央文献研究室和中国国际影视公司联合录制的八集电视纪录片《陈云》中有大量的中国共产党领导经济建设的资料，比如讲国民党统治下的持续十几年的严重通货膨胀的状况时，就可以节选片中解放前夕人民去商店购买生活必需品时，都是拿着堆积如山的严重贬值的法币画面，很真实直观。这种题材的纪录片有着其他史料所不能替代的功能。它从一个很独特的视角完成了记录历史、呈现历史的责任。这是一个很值得我们认真对待地、能很好地落实立德树人根本任务的历史资料。

历史题材的优秀文化产品，如电影《太行山上》、大型史诗性数字电影《圆明园》，也是我们了解历史的一个窗口。《圆明园》以当年圆明园的设计图纸为依据，通过电脑三维仿真技术，再现了"万园之园"的宏大唯美、辉煌的场景，讲述了清朝由盛到衰的历史，揭示了圆明园毁灭的必然性。这是一部精美的教学辅助影片，它可以通过强烈的现代化的视听震撼，激发学生的爱国心。教学实践证明，它所带来的心灵震撼远不是普通的课堂讲解所能达到的，它是广大教师可以适当利用的非常好的资源。

第三节 "纲要"课教学中史料应用的策略与注意事项

一、"纲要"课教学中史料应用的策略

（一）发掘档案史料，使教学内容特色化，构建"纲要"课程优质高效教学体系

2008 年 9 月，中宣部、教育部联合颁发的《关于进一步加强高等学校思想政治理论课教师队伍建设的意见》指出，思想政治理论课教师要"在教材体系向教学体系转化上下功夫，真正做到融会贯通、熟练驾驭、精辟讲解"。2020年 1 月，中华人民共和国教育部令第 46 号发布了《新时代高等学校思想政治理论课教师队伍建设规定》，要求思政课教师"以讲好用好教材为基础，认真参加教材使用培训和集体备课，深入研究教材内容，吃准吃透教材基本精神，全面把握教材重点、难点，认真做好教材转化工作，编写好教案，切实推动教材体系向教学体系转化"。高校教师在讲授"纲要"这门思想政治理论课程的过程中，必须以教材为教学的基本遵循，把教学活动中的各种教学要素联结成一个有机整体，构建优质高效教学体系。丰富以档案史料为依据的特色化教学内容是推动"纲要"课教材体系向教学体系转化的关键环节和构建优质高效教学体系的核心要素。

为了使"纲要"课程的教学内容更具特色性，必须充分发掘档案史料。总体而言，与"纲要"课相关的各类档案史料不胜枚举。其一是 1840—1919 年间的档案史料。这部分档案史料横跨晚清与民国初年，主要包括各署衙所存文档、近代报刊、地方志相关文献、各种资料汇编、丛刊、丛稿等。其中，清末档案史料由皇帝、官署两大系统组成，在皇帝系统档案史料中使用率较高的是皇帝诏令文书、文武百官进呈文书，官署系统档案史料包括从中央到地方各级官署的存档文献。其二是 1919—1949 年间的档案史料。主要以国共两党的档案史料为主，通常被称为革命史料。它包括革命政权和群众团体的各种重要会

议产生的章程、宣言、决议案与总结，党报、党刊、进步社会团体的报刊，革命回忆录，革命历史遗址资料，中共地方革命资料，重要历史人物的文集，党史人物传记，外文资料和进口中文书刊资料，等等。上述档案史料有的因革命需要而带有伪装色彩，有的在国内仅存孤本，有的只能从国外存稿中找到，在使用时需要进行甄别和考证工作。其三是 1949 年以后的史料，即中华人民共和国的档案史料。它包括中央与地方各级政权保存的档案和决议，党政工团的各种文献、会议文件汇编、选编，国家领导人的文集、选集、选编、文稿，各种经济类档案，对外关系档案，军事机构的档案，等等。上述档案史料反映了中国近现代史的基本面貌，是培育当代大学生民族精神和爱国主义情怀的生动素材，对提高"纲要"课的教学质量有着重要作用。

各个高校在专业设置与生源素质方面千差万别，《中国近现代史纲要》统编教材无法适应各类学习主体的个性化需要，"纲要"课教师必须结合本校、不同专业大学生的实际情况，加工、转化教材体系，构建优质高效教学体系。当前，在构建"纲要"课优质高效教学体系的实践中存在两种错误倾向。一是教师在设计教学时完全抛开教材的体例与结构，视教材为无物，在课堂上天马行空地随意发挥；二是把教材体系等同于教学体系，将教材变成教条，无视文理科大学生的具体差异、不同专业大学生的个性化需求，使教与学出现严重脱节。为克服上述错误倾向，教师必须吃透现行教材，深挖、用活档案史料，花大力气构建优质高效教学体系。

不少新解密的外交档案史料以及利用这些档案史料得出的新观点为构建"纲要"课优质高效教学体系提供了丰富的教学资源。20 世纪末，俄罗斯联邦档案馆开放了中国共产党创建时期的大量重要档案资料。这些新公布的档案史料为研究该时期联共（布）、共产国际与中国革命的关系提供了新证据。由于各国解密档案越来越多，出现了大量具有重要研究价值的新的档案史料，如《美国外交关系文件》中关于中国的数十卷档案资料等。这些内容翔实可靠的档案史料，为构建"纲要"课优质高效教学体系提供了丰富的教学资源。

在"纲要"课教学中，档案史料相较于教材体系，凭借其具体细致、翔实可靠、史料系统的特点，从更微观的历史层面展开，对相关历史问题的阐释更有说服力、吸引力。在"纲要"课教学中恰当地运用档案史料，能够使相关的教学实践更具系统性与针对性，有助于把教学内容、教学活动以及教学效果等不同环节连成一个有机整体，有助于构建优质高效的"纲要"课教学体系。

（二）着眼于重大研究课题，全面整合"纲要"课程专题教学的文献史料，提升大学生把握历史方向的能力

1. 当以教学的重点、难点、热点、疑点为抓手，尽力搜索最新解密的档案和文献史料

"纲要"课教师应当以教学的重点、难点、热点、疑点为抓手，尽力搜索最新解密的档案和文献史料，灵活运用史料学方法，开展极具针对性的专题研究。例如，在纪念改革开放 40 周年、新中国成立 70 周年等重大历史事件的过程中出现的新文献史料，应在第一时间运用到"纲要"课专题教学中去；又如，可以结合为什么必须坚持马克思主义在意识形态领域的指导地位而不能搞指导思想的多元化、为什么只有中国特色社会主义才能发展中国而不能搞民主社会主义和资本主义、为什么必须坚持改革开放不动摇而不能走回头路等重大理论问题的讨论，收集文献史料开展教学。教师还要勇于面对疑点进行专题化教学以解除学生的疑惑。学生的疑惑真正解除了，才能达到立德树人的效果。由于专题教学具有很强的针对性，在整合、运用"纲要"课程教学的相关文献史料的过程中可采用先具体后抽象、先个案后一般的方法，这有助于加强史料利用的针对性与高效性。

2. 着眼于杰出历史人物，广泛收集文献史料，组织人物专题教学

"纲要"课教师可以着眼于杰出历史人物，广泛收集文献史料，组织人物专题教学，通过一位杰出历史人物来理解一个不平凡的时代，帮助大学生更深刻地认识历史的必然选择。成功组织杰出历史人物专题教学的关键，是所选人物及相关文献史料能否反映一个时代特点、引领历史发展潮流。

在"纲要"课中组织杰出历史人物专题教学，用具体的人物作为教学主题，集文献史料的趣味性和教育性于一体，更容易让大学生在思想品质、政治品质方面得到潜移默化的提高。这种教学方式让大学生通过文献史料感受到的是一个个鲜活的历史人物，而非书本上没有生命力的刻板文字；更能让大学生通过文献史料看到多彩多姿的历史面相，看到个人命运与时代发展的高度契合，进而串联时代基本特征与历史发展大势，更有利于发挥"纲要"课育人主渠道的作用。

3. 尽可能多地收集文献史料，把历史全面客观地呈现出来

"纲要"课教师作为思想政治理论课教师，不仅要传授知识，还要肩负起思想政治教育的职责。"纲要"课教师要使大学生通过对这门课程的学习，明

白中国共产党领导全国人民实现中国梦的历史必然性，坚定大学生走中国特色社会主义道路、接受中国特色社会主义文化的信念。一些"纲要"课教师在专题教学中，为了突出思想政治教育，只选取对特定观点有利的片段或片面材料，在文献史料的选取上带有明显的价值倾向。其结果是，在讲授历史事件的过程中，过分强调事件出现的历史必然性，而大大简化了历史发展的曲折性；在评价历史人物的过程中，过分强调人物的阶级属性，往往全盘地肯定或否定，忽视了历史人物的复杂性。

在"纲要"课专题教学中，教师片段性或片面性地运用文献史料，会带来很大的风险。复杂曲折、跌宕起伏的中国近现代史进程充斥着杂乱而对立的史料，如果教师一味地选择对特定观点有利的片段性或片面性文献史料，必然会使大学生在接触到互相矛盾、对立的文献史料后怀疑"纲要"课的基本观点，使他们难以正确把握历史发展的方向，从而严重影响教学效果。"纲要"课专题教学要尽可能多地收集文献史料，把历史面相全面客观地呈现出来，阐明中国近现代史发展的主题与主线。这要求教师既要运用当事者占有的文献史料，又要参考权威第三方提供的文献史料，以增强观点的合理性与客观性。

例如，教师在讲授"中国共产党在抗日战争中的地位"专题时，既要运用中共中央党史研究室提供的文献史料，又要参考 1944—1946 年美军观察组的档案史料以及《密勒氏评论报》的相关报道等。因为，这些西方在华当事人的论述，极有力地驳斥了"中共敌后武装游而不击"的谣言，生动地阐释了中国共产党在整个抗日战争中的中流砥柱的地位。总之，为了增强说服力，教师在"纲要"课专题教学中既不能忽视正面史料的阐释作用，又不能忽视侧面史料的衬托作用；既要重视直接史料的表现功能，又要重视间接史料的补充功能，从而多方位、多视角地运用文献史料来解释复杂的历史现象。

（三）利用地域性实物史料类特色文化资源充实"纲要"课教学，激发大学生的学习兴趣，帮助他们树立正确的历史观与价值观

2013 年 6 月 25 日，习近平在中央政治局第七次集体学习时强调："学习党史、国史，是坚持和发展中国特色社会主义、把党和国家各项事业继续推向前进的必修课。"[①] 这揭示了高校开设"纲要"课的重要意义。然而，当前"纲要"课教学仍然存在一些亟待解决的问题。一方面，随着国家经济发展进入新常

---

① 习近平.论中国共产党历史[M].北京：中央文献出版社，2021：15-16.

态，社会利益主体多元化趋势不断增强，历史虚无主义沉渣泛起，一些大学生的认知与思想被扰乱，不利于他们树立正确的历史观与价值观；另一方面，随着5G时代的来临，大学生获取知识的渠道大大拓宽，他们对传统的说教式"纲要"课教学模式产生了倦怠情绪。对于"纲要"课教师而言，为了帮助大学生塑造正确的历史观和价值观，要重点思考怎样创造切实有效的教学模式，增强说服力和有效性，提高他们的学习兴趣。为此，"纲要"课教师应当创新教学模式，针对学生关注、关爱家乡的心理特点，把地域性实物史料类特色文化资源与近代以来中国共产党领导中国人民为争取民族复兴、国家富强和人民幸福而不懈奋斗的历史进程有机地联系起来。

地域性特色文化资源是指在一定地域范围内的人们在社会实践中创造的独具地域特色的各种精神产品的总和。其中，物化形态的地域性特色文化资源就是地域性实物史料类特色文化资源。"纲要"课教学可以利用的地域性实物史料类特色文化资源主要包括：①革命遗迹，如中国共产党"一大"会址、中国劳动组合书记部旧址、上海工人三次武装起义纪念地、五卅运动纪念地、井冈山革命旧址、延安革命旧址等；②纪念馆，如鸦片战争纪念馆、辛亥革命纪念馆、南京大屠杀纪念馆、吴起革命纪念馆、新四军纪念馆、平津战役纪念馆、西柏坡展览馆等；③名人故居，如孙中山故居、毛泽东故居、刘少奇故居、张闻天故居、魏金斯基故居、李达故居、任弼时故居、邓中夏故居等；④历史雕塑，如辛亥革命浮雕、重庆歌乐山烈士陵园纪牌浮雕、红岩魂广场"11·27"纪念浮雕、人民英雄纪念碑等；⑤博物馆，如中国人民革命军事博物馆、故宫博物院、武汉革命博物馆、苏州革命博物馆、金寨革命博物馆等。这类地域性实物史料类特色文化资源既是教师可以运用于"纲要"课教学的实物史料，也是大学生在自身成长地域已有一定认知且能够就近获取的革命文化资源。它们可以使大学生通过更直观、更形象的途径领会中国近现代历史知识，深刻感知和感悟中国人民英勇奋斗的历史。

把地域性实物史料类特色文化资源运用于"纲要"课教学的途径主要有三种。首先，组织学生实地参观革命遗迹、纪念馆、名人故居、历史雕塑、博物馆，实施课外实践性教学，让学生产生身临其境的感受；再通过演讲、征文、专题摄影、专题小视频制作、辩论赛等方式，把体验式教学与实践教学紧密结合起来，让抽象的实物史料升华为具体的历史情境。其次，采用多媒体课件的形式，通过纪录片、电影、微视频等，采用穿插式教学，将地域性实物史料类特色文化资源引入课堂教学，传播历史知识，使大学生对历史的认识更加的生动和立体。最后，采用"请入"式教学，以重要时间节点、事件为维度，把当地相关专家、学者、英雄人物或其亲属请入课堂，给学生营造一个有利的历史文化学习氛围。运用地域性实物史料类特色文化资源开展"纲要"课教学的途径有很多，关键在于在调动大学生学习积极性的同时，对他们进行潜移默化的思想政治教育。这是衡量利用地域性实物史料类特色文化资源教学成功与否的根本标准。

对于大学生而言，将书本知识被动地升华为思想情操会显得相当乏味，而利用地域性实物史料类特色文化资源进行阐释就比较容易理解、领会和接受。运用地域性实物史料类特色文化资源开展"纲要"课教学，以大学所在地或学生家乡的实物史料串联起历史细节来论证历史逻辑，容易被学生感知、领悟和接受，进而引起情感共鸣，激发他们的乡土归属感、民族使命感和历史责任感，培养爱国主义精神。这有助于大学生树立正确的历史观和价值观，增强他们对中国特色社会主义的道路自信、理论自信和制度自信。

（四）通过收集地方口述史料，发挥大学生主体性，培养他们的综合素质与能力，强化"纲要"课程教学的实际效果

"纲要"课旨在论证与阐释历史和人民为什么及怎么样选择了马克思主义、中国共产党、中国特色社会主义道路、改革开放。在"纲要"课教学的过程中，如何通过实践教学增强学生对历史逻辑、历史选择和历史结论的理解与认同，直接关系到课程教学质量的提高。由此，运用地方口述史料讲授"纲要"课程的实践教学模式应运而生。口述史料也称口碑史料，是以录音、访谈的方式搜集口传记忆以及具有历史意义的个人观点，是通过搜集、整理与运用口头史料来探究历史的一种方法。运用地方口述史料开展"纲要"课教学，有效地保证了教学活动的全员覆盖，容易被大学生接受，符合实践教学的要求，遵循了我国高等教育的发展规律。

可以运用于"纲要"课教学的地方口述史料的收集过程如下。先让大学生自己确定访谈的对象、时间、地点，然后由其身边的一些重大事件亲历者或其后人，不管是农民、工人、商人、文化工作者还是退休干部等，讲述自身经历或家乡变迁，如红军长征、抗日战争、人民解放战争、抗美援朝战争、剿匪、镇压反革命、土地改革、三大改造、整风运动的情况；近现代城乡婚丧习俗变迁；改革开放以来的城乡变迁；农村空心村老人、留守儿童的生活现状；家乡

的社会变迁；农村精准扶贫脱贫、社会主义新农村建设的现状及存在的问题等。在这一过程中，由大学生记录、整理要提交的实践活动成果——访谈内容。在大学生进行经验交流与分享后，教师评定其实践活动效果。

为了彰显"纲要"课的教学效果，且基于口述史料的特殊性，大学生在搜集、整理地方口述史料工作的过程中应注意三方面问题。一是要以文献史料作为口述史料的基础和向导。由于时间过长、过久，受访者的记忆可能会出现一些偏差。由于个人喜恶、趋益本能及其他原因，受访者有时会回避、隐瞒甚至故意歪曲一些历史事实。口述史料的不足之处就在于受访者的陈述内容都具有重建性和选择性，口述史料不可避免地带有不真实的成分，不可能是正确的"历史证词"。因此，在搜集、整理地方口述史料的过程中，要尽力使口述史料与文献史料相互印证，最大程度地接近历史真相。二是要尊重受访者。口述史料工作者应让受访者按照自己的风格进行陈述。当受访者拒绝讨论某些话题时，应予以尊重，访谈者必须抑制自己插话的冲动，不要干扰和打断受访者，而要做一个安静的倾听者。三是要有实事求是的态度。真实性是口述史料的活的灵魂。普通人一般不具有足够的控制能力，往往把个人感受、情感、生活与历史事实联系起来。为了保证口述史料的真实性，受访者应该是历史事件的亲历者；大学生作为口述史料工作者，要如实地记录和整理受访者的陈述内容而不能主观删改，要对口述资料与历史事实有出入之处进行论证和注解。只有这样，才能有效实现"纲要"课的教学目标。

运用地方口述史料开展"纲要"课教学，改变了以文字史料、实物史料为主的传统教学模式，其最大的特点在于让大学生主动接近历史。地方口述史料的搜集要求大学生拟定访谈的对象、主题、内容和方案，融入社会，开展采访调查，整理、撰写访谈结果。这显然是一种较为主动的教学模式。大学生无论是制定调研方案还是进行访谈，都有较大的自主选择空间。他们可以有计划、有目的地去发现和发掘历史。这种独具特色的教学模式，全面地锻炼和提升了大学生的组织策划能力、团队协作能力、社会交往能力、人际沟通能力与写作能力。访谈的大学生在与口述者进行情感互动的过程中，拓展了视野，开阔了视角，综合素质得到了培养与提高。大学生通过地方口述史料的访谈、搜集与整理，增加了与群众的密切接触，加深了对中国历史发展特定时期发生的事件的了解。这驱动他们积极思考，有利于他们坚持理论联系实际，自觉运用辩证思维，分析中国近现代史上的各种社会问题，从而强化"纲要"课教学的实际效果。

　　总之，"纲要"课教学作为以历史学为基础的特殊的思想政治理论课教学，需要依据和参考珍贵的中国近现代史史料。发掘档案史料，可以使"纲要"课教学内容富有特色，有助于推动教材体系向教学体系的转化，构建"纲要"课优质高效教学体系；着眼于重大研究课题，全面整合"纲要"课专题教学的文献史料，适应了思想政治理论教育的基本要求，有助于提升大学生把握历史发展规律的能力；利用地域性实物史料类特色文化资源充实"纲要"课教学，具有较强的可操作性，可以激发大学生的学习兴趣，有助于他们树立正确的历史观与价值观；通过收集地方口述史料，创新教学模式，大大丰富了大学生的实践课题，有助于培养他们的综合素质与能力。从"纲要"课的教学目标来看，运用有较高价值的相关史料有利于实现"两个了解"和"四个选择"的教学目标。从"纲要"课的性质与功能来看，充分发掘相关史料的思想政治教育内涵，有助于大学生确立求真务实创新的科学态度，形成中华文化认同感，树立正确的世界观、人生观和价值观。"纲要"课教学的实践证明，把文献史料、实物史料和口述史料的收集与利用作为"纲要"课教学的资源，对推进高校"纲要"课程教学改革、完成"纲要"课立德树人的教育任务具有极为重要的作用。

二、"纲要"教学中史料应用的注意事项

（一）选择史料的准确性、真实性

　　准确性、真实性是历史资料的生命。研究和讲授中国近现代史的教师必须具有驾驭史料的能力，尤其是考证史料的能力，教师也有责任对在课堂上使用的史料进行考证。论从史出，研究历史问题、讲授"纲要"课，必须详细占有材料，不凭主观想象，不凭一时的热情，不凭死的书本，而凭客观存在的事实，详细地占有材料，在马克思列宁主义一般原理的指导下，从这些材料中引出正确的结论。而这些材料必须是准确的、真实的。史料的真伪或理解的准确与否影响历史人物的评价，影响历史事件的记述，影响历史的编写，影响学生对历史的认识。错误的史料，不仅不能说清道理，反而会误导学生，我们要引起足够的重视。

　　辨别、考证史料要综合考察、分析，也就是鉴别史料的真伪、作者、时间、地点和用途以及史料的阶级性和它在历史发展过程中所起的作用。比如，回忆录的作者因有亲身经历和感受，所以写出的人物和情节都栩栩如生，使用其中生动形象的资料，能够提升内容的趣味性。但是，教师一定要注意，回

忆录资料是作为历史文献来使用的，而不是一般的文艺作品，更不是小说，不允许有虚构和夸大。但有些研究者或回忆者本人，在整理和回忆历史时，对有些问题回忆有出入，有的方面有错误，也有夸张和虚构的成分，比如经常会发生夸大个人、本人的作用的现象。而不同政治派别笔下反映的史实也不一样，当事人与非当事人所记史事也不一样，还有由于个人恩怨所记史事也不一定可靠。

另外，还有有意伪造的文字史料，以及因记述人的知识、阅历、记性、环境等客观原因，导致所记史实有出入或不全面，或因转抄、复制、印刷、整理出版等造成错字、丢字及断句错误等也屡见不鲜。例如，关于道光皇帝指导鸦片战争的问题，有人说道光帝摇摆不定，忽战忽和，是导致战争失败的重要原因。但仔细研读《清实录·宣宗实录》，从道光帝的一系列"上谕"中，可见这种论断是缺乏根据的。实际上，道光帝在鸦片战争初期一段时间虽然有过犹豫，但从 1841 年初英军侵犯广东虎门外沙角、大角炮台后，他的抗击态度一直很坚决。又如，民国初年袁世凯为复辟帝制伪造民意而发的电文，据梁启超《袁政府伪造民意密电书后》揭露的便有十几件。另外，山西省档案馆藏有很多阎锡山的资料，阎锡山这个人比较狡猾，他写日记是给别人看的，很多内容与他的内心想法和实际做法是不同的，有的可以说相去甚远。所以，对这样的档案资料的运用，我们一定要谨慎。

这些事例告诉我们，从事史学研究工作一定要下苦功阅读史料、研究史料、全面了解和掌握史料，才能有扎实的基础。正如翦伯赞所说："搜集史料，并不是一种容易的事情。因为中国的史料，虽然浩如烟海，但他们并不像宝库里的金银聚在一起，可以应手取得；而是和矿石一样，埋藏在我们所不知道的许多地方，需要我们耐烦去探求。"[①]否则，难免会以偏概全，或人云亦云。历史是不能随意描绘的。讲评历史，每一句话都要有根据，不能夸张，不能加油添醋。有的教师在授课中注重趣味性，在收集资料方面也花了很多精力，但是没有注意资料的考证。有些所谓的资料，充其量只能算是"野史"，没有经过细致的考证就在课堂上使用，有损教学的严肃性。

教师要利用已有的知识，结合文字记载资料和各种档案资料与口述史材进行互证、严肃核对，看它对所研究人物的基本史实是否准确，对历史人物是否

---

① 翦伯赞．史料与史学 [M]．北京：北京大学出版社，1985:61.

作出马克思主义的具体分析，经过考证后才可使用，才能收到好的效果。

（二）选择史料的典型性、针对性

教师应注意运用典型史料，尤其是地方性史料为教育教学服务。由于"纲要"涉及内容多，时间跨度长，而历史资料纷繁复杂，浩如烟海，因而教学中史料的取舍非常重要，史料的运用要注意典型性和针对性。典型地有针对性地运用史料，能够直接切入主题，极具说服力和感染力，使逝去的历史得以更好地再现，从而极大地增强教育的实效性。

例如，讲中国共产党在抗日民族统一战线中的策略时，比如发展进步势力、争取中间势力、孤立顽固势力，非常典型的史料是，在国民党制造皖南事变，进攻新四军的过程中，被我们视为抗战中间势力的国民党桂系地方实力派直接参与了对新四军的"围剿"。但中国共产党正确分析形势，认识到桂系虽然参与制造皖南事变，但与国民党中央和蒋介石还有矛盾，因此在事变的处理上区别对待，在要求惩处的国民党罪犯中，只公开点了顾祝同等的名字，而没有公开点桂系，对桂系留有余地，使桂系地方实力派在国民党发动第三次反共高潮时没有参与，并最终留在了统一战线的阵营中没有分裂出去。

（三）选择史料的思想性和趣味性

选用史料在注意典型性、准确性的同时，也要重视思想性和趣味性。历史资料的选择运用要有利于学生树立正确的历史观，有利于学生对重大理论问题的理解和掌握，真正发挥思想政治理论课的作用，即使说明的问题在中学已讲过，但在历史资料的选择上，要尽可能不与课本上的资料重复，以达到引发学生学习历史的兴趣。

例如，讲武装斗争是中国革命长期主要的斗争形式，但不是唯一的斗争形式时，可以使用在白色恐怖环境中，能够坚定共产主义信念、隐蔽在敌人内部的共产党人钱壮飞，在中共特科科长顾顺章叛变时，他不顾个人安危，在危急时刻及时把消息报告给上海临时中央，使很多中共临时中央领导人和各级地下党人员顺利转移，避免了一场大灾难，而后他又机智地逃离中统。用这样既有思想内容又极具趣味的史料来讲述这段历史，说明隐蔽战线的斗争也是对敌斗争的重要形式。又如，讲抗日战争史时，必然要涉及以国共两党合作为基础的抗日民族统一战线的建立对全民族抗战局面形成的作用。其中，中共与国民党地方实力派的合作先于国民党中央，在此基础上，经过中共、各地方实力派和国民党各方面的努力，实现了国共两党的再度携手。对这段历史，学生对中共方面的主张、做法以及国民党中央、蒋介石的有关史料比较熟悉,但对国民党地方实力派的抗日主张、在局部抗战时期对日抵抗的事迹,如长城抗战、淞沪抗战、绥远抗战中的英勇表现,在逼蒋抗日时他们发动的三次大的事变,即福建事变、两广事变以及西安事变的史料的接触相对较少,教师可以选择这方面的史料适当展开。

第四章 通过多元化教学方法落实立德树人根本任务

"纲要"课涉及的内容上至 1840 年鸦片战争，下至中共十九大马克思主义中国化新理论，在有限的课时内要完成规定的教学任务，并能始终贯彻落实"立德树人"根本任务，这就要求任课教师利用多元化教学方法，既把握好教学内容重难点，又详略得当，才能在有限的时间内最大限度地实现立德树人目标。本章主要内容包括专题教学法、互动教学法、情境教学法、案例教学法。

第一节 专题教学法

中国近现代史是中国人民为争取民族独立、人民解放和实现国家繁荣富强、人民共同富裕而英勇奋斗、艰苦探索的历史，其中所蕴含的无私奉献、服务人民、探索创新等爱国精神既能丰富教育教学内容，又能激发学生的爱国情怀，对学生的成才成长和价值塑造起到积极的作用。因此，我们应以弘扬中国精神为主线，优化整合教材内容，促进教材体系向教学体系转化，从而达到育人效果。

通过围绕中国精神进行专题教学，既适时开展了爱国主义教育，又让学生懂得了中国近现代历史发展进程实际上就是近代以来中国人民的艰难逐梦历程，这期间所凝练形成的中国精神是中华民族虽历经劫难而不倒的精神支撑，是立德树人的优秀素材，它能帮助学生加深对国史、国情的理解，深刻领会"四个选择"，引导学生树立共产主义理想信念，坚定走中国特色社会主义道路。

一、专题教学法的概述

（一）专题教学法的概念

专题化教学是基于教学内容而言、涵盖教学全过程的一种教学模式。具体而言，就是指教师以先进的教育教学理论为指导，以教学目标为指针，依据教学大纲的基本要求，在吃透教材基本内容的前提下，结合教学对象、社会现实、课程学时、教学过程等各种教学要素，打破教材章节体系的限制，按照课程内容的内在思想联系和逻辑关系对教材体系和内容进行高度凝练与概括，确定教学专题，完成由"教材体系"向"教学体系"的转化，形成既先后联系又相对独立的系列专题，并围绕着专题确定教学方案、组织教学活动的一种课堂教学模式。

也有观点认为，专题化教学指的是从纵横两个方面将教学内容及学科知识点进行整理、归并、提炼与升华：在纵向上以教学结构中的螺旋反复为指向，走"积极前进，循环上升"之路；横向上则以教学内容中知识的相互作用为指向，走知识结构与认知结构相结合的道路。

专题化教学模式有两种形式：一是专家专题型，即每个教师主讲擅长的几个部分，多位老师轮流授课；二是内容专题型，即把内容转化为若干专题，由一位老师通讲。

"纲要"课专题化教学就是打破"纲要"课教材原来的内容设计，将全书上、中、下3编的内容按照一定的主题重新概括和分类，最后形成若干个"分而各自完整、合而可成整体"的专题单元。把这些专题单元以一定的主线和顺序串联起来，形成专题单元集，然后进行系统的专题化教学。

（二）专题化教学的内涵

专题化教学是紧扣教学目标，把教学内容和教学活动划分为若干有机联系而又相对独立的专题，然后再把它们组合成完整的教学内容体系，并以多样化的教学手段与方法加以实施的教学活动。

具体包括教学内容专题化与教学活动专题化两个方面。其一，教学内容专题化——把课堂讲授内容设计成若干既有联系又相对独立的专题。其二，教学活动专题化——把结合课堂专题讲授而进行的其他形式的教学活动，如主题教育、调查研究、课题讨论、历史情境活动等设计成专题，有目的、有计划地进行。

专题化教学不仅在教学内容上改变了按教材章、节、目进行授课的传统授课方式，从学生的思想实际和学生们关注的社会热点中去提炼和确立教学专题，重新编排教学内容，建构新的教学体系，还打破了过去一门课程由一位教师"打通关"的教学惯例，将教学形式改为由学有专长或确有研究的不同教师实施专题化教学，所以专题化教学的教学方式方法、组织管理、考核办法等都与传统的教学有所不同。

这一模式重视通过问题意识组织教学，教师引导学生善于见疑、质疑、释疑和存疑，进而培养学生的独立思考能力与创新思维能力。素质教育理论、学生主体理论、多元智能理论以及最优化教学理论等都为"纲要"课专题化教学模式提供了理论依据。

这一模式是在专题化设计的基础上，通过科学分配不同专题的教学时间，合理安排教学专题的先后顺序，精选各种教学手段与方法，构成完整的教学体系，因此也有人称专题化教学模式为专题组合式教学模式。

（三）专题化教学的特点

专题化教学一般是就某一个问题进行较为深入细致的分析和讲解，是"少而精"的教学。特点如下。

第一，专题化教学有利于理论联系实际，能提高教学的针对性和实效性。专题化教学避免了教学内容广泛、教师四面出击却不一定各个击破的局面。专题化教学可以就某一专题问题，根据教学目的和要求，联系现实，与其他相关学科内容相互渗透，解决学生思想中的疑点和困惑，从而更好地实现课程的教学目标，增强教学实效。

第二，专题化教学有利于教师发挥主动性、创造性。进行专题化教学时，教师可以扬长避短、充分发挥自己的专长，体现自己的创造性，使教学具有鲜明的个性和风格。

第三，专题化教学有利于激发学生学习的兴趣、积极性，引导学生自主学习。专题化教学给学生带来学习新鲜感的同时，也使学生获得了广阔的思维空间，学生可以在学习中化被动为主动。只要教师因势利导，恰当切入主题，学生的课堂兴奋点就极容易被调动起来。

二、"纲要"课专题教学的必要性和意义

（一）实施专题教学能够使"纲要"课更具有针对性和实效性，更好地实现教学目标

"纲要"课程涉及的内容非常广泛，教学中教师往往四面出击，但不一定能各个击破。或者说，教师往往只照顾了面，而忽略了点。事实证明，这样做教学效果并不理想，教师教得很辛苦，学生学得也很泛泛，而且并没有解决实际问题，很难实现既定的教学目标。而实施专题教学则既可以体现教学基本要求的精神，解放思想、与时俱进，与其他学科的相关内容互相渗透，各取所需；又可与地方教材内容相互渗透，彰显地方特色；还可以结合"毛泽东思想和中国特色社会主义理论概论""思想道德修养与法治"等思想政治课中的相关问题、难点以及学生思想中的疑点与困惑，进行科学合理设置和大胆求实剪裁。和以往照本宣科式的教学相比，专题教学更有针对性和实效性，能更好地实现"纲要"课程的教学目标。

（二）实施专题教学能够使"纲要"课更具科学性，更加符合教学规律

"纲要"课内容包罗万象，涉及党史、党建、毛泽东思想与邓小平理论的形成与发展等问题，这些内容在毛泽东思想和中国特色社会主义理论概论课程中也有体现。这就要求我们在具体教学中科学地处理好"纲要"与毛泽东思想和中国特色社会主义理论概论课中的相同与相似的内容。如果按照原有的教学模式，教师就会重复讲解两门课程中重合的部分，这样不仅会造成教育资源的浪费，还容易引起学生的反感，亦会给一线教师的教学带来极大的困难，而专题教学则可以很好地避免这种现象的发生。如前文所述，专题教学是通过设立一个个相对独立的内容（这些内容是经过精心选择与编排的，避免了重复现象），深入探究某一个问题或某几个问题，引领学生从历史走向现代。所以说，专题教学的"问题"意识突出，通过精心设计"问题"来引导学生，一个专题的设立为解决某一或某几个问题提供了便利。这样做既体现了历史和逻辑的统一，又更具有开放性，无论在广度还是深度上都可有所拓展和挖掘。这就使"纲要"课更具科学性，更符合教学规律。

（三）实施专题教学可以更好地发挥"纲要"课程的思政教育功能

严格地说，"纲要"课不是历史课，而是思想政治课，其具有思想政治教育的功能。诚然，"纲要"教材的内容有思想政治教育的成分，教师依教材上课

也能发挥"纲要"课的思想政治教育功能，但是成效甚微。与历史专业教材不一样，"纲要"课教材两到三年就修订一次，党和国家的最新政策、时政内容、新的研究成果等内容需要被补充到教材中，旧的观点和内容则被剔除。这充分体现了"纲要"课的时代性与思政性。但是在准备修订或修订教材时期，教师和学生使用的都是旧教材，接收的也是旧观点，这就未能紧跟时代的节奏，其思政性也相应减弱。专题教学则可以解决以上问题，体现"纲要"课的时代性与思政性，并更好地发挥政治教育的功能。在设置专题时，把过于繁缛的历史过程去粗取精，将党和国家的新政策、反映时代精神的内容、大学生所关心的问题等与教材进行有效融合。在此基础上，采用多种教学方式，有效地进行教学，帮助学生形成正确的价值观、人生观、世界观，使其坚定正确的政治方向，达到思政教育的目的。

三、专题教学法在"纲要"课教学中的探索与应用

（一）"纲要"课实施专题化教学的目标

实施专题化教学的要求很多：第一，要在把握教学基本目标前提下，探索课程改革与整体优化的新方案；第二，恰当处理教材体系与教学体系的关系，用引导式和互动式教学配合专题讲解；第三，用实践教学深化；等等。

"纲要"实施专题化教学的目标和课程教学的目标要求基本一致，主要包括三个层面。第一，知识层面，掌握中国近现代历史基本脉络和重要事件、重要历史人物；了解帝国主义侵略及其与中国封建势力相勾结给中华民族带来的深重苦难；了解近代以来中国面临的争取民族独立、人民解放和实现国家富强、人民共同富裕这两大历史任务；了解近代以来中国先进分子和人民群众为救亡图存、建立新中国而进行的艰苦探索、顽强奋斗的历程及经验教训；懂得旧民主主义革命让位给新民主主义、资产阶级共和国让位给人民共和国的根本原因。第二，能力层面，能运用唯物史观和马克思主义方法论正确分析和评价近现代史上的历史事件、历史人物，具有辨别历史是非和社会发展方向的能力，能深刻领会历史和人民怎样选择了马克思主义、选择了中国共产党、选择了社会主义道路、选择了改革开放。第三，态度情感价值观层面，懂得必须推翻"三座大山"的道理，只有争得了民族独立和人民解放，才能集中力量进行现代化建设；认识中国革命的必要性、正义性和进步性；自觉继承和发扬以爱国主义为核心的民族精神和以改革创新为核心的时代精神，进一步增强民族自

尊心、自信心和自豪感；懂得中国人民走社会主义道路的历史必然性；懂得选择中国特色社会主义道路的正确性，从而增强拥护中国共产党的领导和马克思主义指导的自觉性，坚定走中国特色社会主义道路的信念和实现中华民族伟大复兴的信心。

（二）"纲要"课实施专题化教学的原则

1.科学性与思想性原则

专题化教学中，史实材料的引用要准确无误，选取的案例要精准适用，语言的表达要准确恰当，以培养学生实事求是的科学态度和严谨的治学方法。同时要挖掘教材和案例内在的思想性，并运用创新性理论成果不断丰富思想性内容。

2.服从于教学目标原则

专题构建不能随意而为，必须以教学目标为指针，各专题既相对独立又有内在联系，要始终围绕求得民族独立和人民解放、实现国家富强和人民共同富裕这个历史主题，贯穿中国人民不屈不挠抗争和探索这条主线，以实现"两个了解""四个选择"这一教学目标。

3.理论联系实际原则

设置专题应该依据教材又超越教材。首先要立足学情，教师应基于通过多渠道对学生知识、能力、情感基础的了解，掌握学生对本门课程的需求和期待；其次要紧密联系现实热点疑点问题，通过对历史脉络的梳理，明辨事实真相，使学生正确认识现实，为学生释疑、解惑，以史为鉴，帮助学生提高历史素养，增强其分析问题与解决问题的能力。

（三）"纲要"课实施专题化教学的方法

1.合理地设置专题

例如，有教师结合本校本科大一学生历史知识掌握的状况，依据"两个了解"和掌握"四个选择"的教育要求，遵循专题设置原则，设置了七个专题。这些专题是近代中国的半殖民地半封建社会；反侵略反压迫斗争与对国家出路的探索；马克思主义的传播及其与中国革命实际的结合；中国共产党领导新民主主义革命取得胜利的历程；从新民主主义社会到社会主义社会的过渡；社会主义建设曲折发展和建设有中国特色的社会主义；湖北革命与社会建设。从中可以看出，专题是依据教学大纲的规定，以教材为原本进行设置的。除此之外，大学生所关心的问题、党史、地方史等也融进了专题中。

但是，专题也不是固化不变的，而是遵循"变中求稳"的原则随着实际情况的变化而变化，但变化幅度不大。实际情况的变化大致有这些：一是学生数量和质量的变化；二是学生关注的问题及其要求的变化；三是教学硬件和软件的变化；四是专题教学教师学校要求的变化；五是时代的变化；六是其他变化。在这一过程中，教师不仅要对专题进行修订，对专题教学情况进行总结，还要对学生情况、时代内容、学术前沿等进行了解。

2.合理地使用多种教学方式或模式

专题教学不是仅仅是设置专题的教学，设置专题及讲解专题只是其中的重要步骤。在专题教学当中，应当使用多种教学方式或模式。互动式教学法是常用且有效的教学方式，采用这种方法进行专题教学能够调动学生的积极性。例如，教师在教授"湖北革命与社会建设"这一专题时，会让学生讲自己家乡发生的革命，这种互动式的讲解激发了学生的学习热情，有效地将党史、地方史、红色文化等融进了专题课堂教学。研讨式教学法也是有效的教学方法，它是一种在教师的引导下，以解决问题为中心，培养学生的自主与创新能力的教学方法。一般来讲，研讨式教学的对象需具备相应的人文学科方面的知识，因此该教学法最适合文科类学生。在教授"中国共产党领导新民主主义革命取得胜利的历程"这一专题的"中华民族的抗日战争"部分时，教师可设置名为"为什么说中国共产党是中国人民抗日战争的中流砥柱？"的研讨题目，要求学生围绕该题目进行课前准备，为他们提供相关资料。在课堂上，教师讲解"正面抗战和敌后抗战的过程"，然后组织学生围绕着"为什么说中国共产党是中国人民抗日战争的中流砥柱？"这一问题进行分组讨论，在讨论的过程中帮助学生解决疑难问题。经过讨论后，各个小组派代表上讲台讲解，没有上台的同学可以补充内容。在这一过程中，教师可给予适当的引导，并帮助学生解答疑难问题。这种教学方法可增加学生的知识，提高学生归纳、分析、演讲、辩论等方面的能力，启迪学生的心智，优化课堂教学。

此外，现代多媒体教学方式和"翻转课堂"教学模式也被运用到了专题教学当中。制作多媒体课件，实现文字、数据、图形、图像、声音、动画等多种信息的交互传递，并通过一体化设计、交互式实现，将专题相关内容更为直观地呈现在学生面前，提高了课堂教学效率。教师可对知识点的内容进行录播，配以选择题和问答题，并将这些制作好的视频和题目放到网站上。学生课前预习，可以看视频讲座、阅读功能强的电子书，还能在网络上与同学讨论，能在任何时候去查阅需要的材料。教师则同时采用讲授法和协作法来满足他们的需要，提高教学效率。

3.专题教学和实践教学相结合

专题课堂教学离不开实践教学，实践教学是"纲要"课专题教学的重要组成部分，可根据实际形成特色实践专题教学。无论是"纲要"教材还是教师设置的专题都蕴含着丰富的红色文化，因此教师可组织进行实践专题教学（如红色文化专题）来配合课堂专题教学。

教师可遵循思想政治理论课实践教学的既定目标，根据理论联系实际的教育理念，依照学科专业、优势特长、兴趣爱好等，和"纲要"教研室的教师共同设计红色文化实践教学主题，如"领略中国共产党的伟大历史功绩""感悟红色精神""中国红色革命调研""我党榜样文化研究""抗日战争胜利纪念专题调查"等。此外，教研室可采取"走出去"与"请进来"相结合的实践教学形式。其一，让学生走出去。让学生通过多方调研，切身体会感悟红色精神以及新中国的辉煌成就。鼓励学生团队合作进行学习调研，形成读书报告、论文、调研报告等成果。其二，让教师走出去。积极组织教师参加省内外的思想政治理论培训学习，参加学术研讨会，参观考察革命历史纪念馆、红色文化遗迹及红色旅游地，到同行院校交流观摩，并积极地引导学生参与实践全过程。其三，请进来。邀请省内外专家学者进校、开讲座，加强对学生的红色文化教育。实践专题教学离不开教学基地。高校可与地方历史资源点合作建立思政课实践教学基地，使师生通过考察红色文化遗址、参与村委会具体工作、走访产业基地等多种方式，围绕红色文化主题进行深入调研，有效地将红色文化融入实践专题教学中，并在实践教学中落实立德树人根本任务。

（四）"纲要"课专题设置要注意的几个问题

1.设置专题要依据大纲的规定，以教材为原本

专题设置是对教材进行重新整合，既包括教材的本身内容，也包括其他相关教材的内容，亦包括教材之外的其他内容。专题的时空跨度较大，这与"纲要"课特点一致，但其在容量和内容方面与教材有所不同。专题的设置不能刻意迎合学生，也不能随意而行，而要根据大纲的规定而行，不能脱离；要以教材为原本，不能游离。因此，设置专题要符合"纲要"课的教学目标和要求，即主要是要认识近现代中国社会发展和革命、建设、改革的历史进程及内在的规律，了解国史、国情，深刻领会历史和人民怎样选择了马克思主义，选择了中国共产党，选择了

社会主义道路，选择了改革开放。无论是设置专题还是展开教学都要围绕此目标和要求进行。除此之外，专题规定的重点、难点、基本观点要符合大纲和教材规定的重点、难点、基本观点，但可以灵活处理，不要一味迎合。

2. 设置专题要遵循连贯性与完整性的原则

"纲要"课教材是连贯且完整的，专题也要连贯且完整，这既是专题教学的一般要求，又是专题设置必须遵循的原则。一般而言，一个专题就是一个大问题，这一大问题是通过对教材重新编排而生成的。因此，专题具有相对的独立性，但是不能以其独立性来抹杀其连贯性和完整性。通过前文可知，"纲要"课是从历史教育的角度出发承载思政教育的功能，而历史时间和内容都是连贯且完整的，所以专题也要体现时间和内容的连贯性和完整性，要确保各个专题在连贯、完整的理论体系之内。此外，还必须正确处理专题与专题之间，以及知识点、线、面之间的相互关系。如果破坏了专题历史主题、时间、内容的连贯性和完整性，"纲要"教学就不能取得预期的效果，甚至不能完成教学目标。

3. 设置专题要注重学术研究

专题教学与学术研究是相互促进的。设置专题是专题教学的重要一步，因此设置专题会促进相关学术研究的发展，而相关学术研究也会有利于专题的设置，甚至促进专题教学，两者紧密联系，所以设置专题要注重学术研究。在设置专题的过程中，"吃透"教材是第一步，这就意味着对教材的每一个问题都要深入了解，做到成竹在胸，而且在这一过程中会发现许多新问题。这就为相关问题的研究提供了条件，也就是所谓的促进学术研究发展。而相关科研成果的出现有助于深化对专题中问题的认识，而且也可以将这些成果注入专题中，丰富专题的内容，加强专题的学术性，这就是所谓的科研促进专题设置。在这两个过程中，专题设置者也是学术研究者，具有双重身份，他们丰富了知识，提高了认识、分析、归纳、总结、科研等能力，使专题更具科学性，为专题教学打下了坚实基础。

第二节　互动教学法

互动教学法是落实立德树人根本任务的有效措施，它使教师的单向灌输变成了师生间的双向交流，实时互动教学法既可以发挥教师的主导性作用，又可以增强学生的学习兴趣，调动学生参与课堂的积极性，从而较好地达到教学效果。

一、互动教学法的概述

（一）互动教学法的概念

"互动教学法"是一种由"互动"形成的教学方法，所以我们在了解什么是"互动教学法"之前，首先需要了解什么是"互动"。从字面意思上来看，"互动"可以理解为"彼此联系，相互作用"。"互动"一词在不同领域都应用广泛，从教育学的角度来看，"互动"涉及社会学与心理学的相关内容。

在社会学中，互动是指社会上个体与个体、群体与群体或个体与群体之间通过语言或者其他手段交流信息而发生的依赖性行为的过程。首先，相互交流的双方要有相似的价值观念。不同个体因为家庭背景、生活环境或教育经历的不同，对于相同的事物也会产生不同的认知与看法。所以可以进行"互动"的个体不会有完全一致的价值观，也不需要有完全一致的价值观，而是在有相似价值观的基础之上进行互动交流。如果价值观完全不一致，则"道不同不相与谋""话不投机半句多"。其次，相互交流的双方要有互动的必要性，也就是说双方要有一个交流的目的或目标，并通过多元化的方法围绕这个目标展开有效的互动。最后，相互交流的双方要有互动的可能性。其中包括两个因素，即时间和空间。由于现在互联网技术发达，我们可以在同一时间的不同空间进行有效的互动。

在心理学中，互动是指人际间交感互动的关系。举个例子，假如甲与乙进行互动交流，甲提出的问题激发了乙回答问题的欲望，而乙的回答又激发了甲再一次提问的欲望。在这个信息交换的过程中，互动交流的双方表露自己的想法，从而达到沟通交流的目的。通过互动，个体与个体、群体与群体或者个体与群体之间进行思想与感情的沟通与反馈，以达到目标一致、思想一致以及行为一致的目的。

"互动教学法"是一种基于基础课程改革理念，通过"互动"的方法提高课堂效率的教学方法。它是在课堂中进行有效互动的一种教学形式，学生在课堂中应具有相对的主动权，而不仅仅是被动地接受。但是教师在以学生为主体的过程中，也要充分发挥自身的引领和指导作用。教师需要利用与学生之间的主客体关系进行互动，运用语言、肢体动作或心理暗示与学生进行情感沟通和知识交流，激发学生的学习热情，为学生提供参与课堂教学的机会，引导学生调动自身已有的知识经验通过效果显著的学习方式去接纳新的知识，从而将新旧知识进行融合，完善自己的知识体系。

（二）互动教学法的形式

互动教学法是一线课堂教学过程中会涉及的一种重要的教学方法，教学效果是否高效取决于互动教学法的运用形式是否恰当。在课堂教学中会涉及如下两种互动教学法的形式。

1.教师与学生之间的互动

教师与学生之间的互动即师生互动，教师在教学过程中应该注意激发学生主动探索新知识的兴趣和能力，教师在学生进行探讨、思考与学习新知识的过程中可以起到推动、引导和帮助的作用。互动式课堂教学主要包括以下几个环节：导入课程主题、提出问题、进行思考与讨论、给出答案及总结归纳。教师在这一过程中只在前两个环节中具有主导作用，而学生在第三个和第四个环节中处于主体地位，最后教师要针对学生给出的答案进行归纳总结，将答案引申到课本中的理论知识，促进学生对新知识的消化吸收。教师与学生之间的互动包括以下两个类型：一种是教师与学生个体进行的互动，另一种是教师与学生群体进行的互动。前者是指教师与某一个学生个体进行单独的互动交流，在这一过程中教师可以根据学生的心理特点或学习状况等因素向学生提问，学生也可以向教师表明自己的疑惑。这一互动可以在课程快结束的时候进行，有利于教师了解学生对本节课知识的学习与接受程度，同时教师要据此进行因材施教，以提高自身的教学质量和学生的学习效果。后者是指教师与一群学生进行互动，即教师提一个问题，全班一起回答。这一互动形式比较灵活，可以在教学过程中随时进行，但这种互动形式就要求教师备课充分、心理素质稳健以及有强大的应对能力；这一互动形式的效果并不理想，因为教师无法通过互动准确地了解每一个学生的心理状态与学习成果。

2.学生与学生之间的互动

学生与学生之间的互动即生生互动，指学生个体脱离学生群体以小组为单位进行相互促进和相互指导的过程。生生互动在课堂教学中一般是以小组为单位进行，是一种需要学生具备团队精神和合作意识的小组学习方式。在这一过程中，教师担当组织者、引导者、帮助者和监督者。在学生进行互动之前需要由教师抛出互动问题，这就要求教师仔细筛选互动问题，问题不宜过难或过易，要使学生在原有学习的基础之上能够"跳一跳，够得到"。学生个体要在教师的组织领导下，积极参与互动讨论，使互动完美进行。学生在讨论、互动的过程中会进行激烈的思想碰撞，这种以小组为单位的互动方式有利于学生了解他人的思考方式，从而可以促使学生之间取长补短，有利于促进学生身心全面发展。生生互动这一互动方式最大限度地发挥了学生的主体作用，对增强学生自信有重要作用，从而可以达到培养学生思考能力、语言表达能力与交流沟通能力的目的，同时还有利于培养学生的团队意识、责任意识和大局意识。

（三）互动教学法的理论基础

1.建构主义理论

建构主义理论是认知心理学派的一个分支，其代表人物以皮亚杰为主。皮亚杰关于建构主义的核心概念之一是"图式"，所谓"图式"是指人脑中已经形成的知识框架。在皮亚杰看来，图式是个体内部的一种动态的认知结构。当个体能用现有图式去同化新信息时，他就处于一种平衡的认知状态；而当现有图式不能同化新信息时，平衡就被破坏，从而需要修改或创造新图式。关于建构主义理论的研究内容非常丰富，但核心可以用一句话概括：以学生为主体，强调学生对知识的主动探索、主动发现和主动建构。而不是像传统教学一样，只是机械地灌输知识，强调学生的死记硬背。因此，建构主义理论成为深化教育教学改革的指导思想。

建构主义理论强调学习不仅仅是知识由外到内的转移和传递，还是学习个体主动建构自己知识体系的过程，其观点主要包括新知识观、新教学观和新学生观。首先，新知识观强调不能将知识强行灌输给学生，在课堂教学中教师也不能以自己"教师"的身份去压制学生，强迫学生服从自己的命令。这不利于培养学生学习知识的主动性和积极性，教师应该引导学生在已有的社会阅历、生活经验和知识框架的基础上去合理分析、理解和接受所学知识。其次，新教学观强调让学生通过互动的方式来解决问题，从而吸取新的知识。因此，教师在课堂教学中不应该只是机械地灌输知识，或者不经学生思考直接公布问题答案。这不利于学生对新知识的理解，教师应该引导学生通过与教师、学生的互动讨论来解决问题。最后，新学生观强调在教学过程中，教师要结合学生已有的经验和体验进行教学，并以此作为新知识的生长点，重视不同学生的经验积累和接受程度，倾听学生的看法，洞察学生的学习状态，引导学生对知识进行更全面的理解。这与互动教学法在本质上是相互契合的。

2. 人本主义学习理论

人本主义学习理论是 20 世纪 50 年代源于美国的一种心理学思潮，其主要代表人物是马斯洛和罗杰斯。人本主义学习理论主张从全人教育的角度即把人作为一个整体来诠释学习个体的成长进程，注重启发学习个体的学习潜能，引导其结合自身经验进行新的知识构建和知识积累，从而促进自我实现。人本主义学习理论的重点研究问题是教育者在教学过程中应该如何为学习者创造一个良好的学习环境，引导学生从自身角度去感悟和理解知识。人本主义学习理论代表人物罗杰斯认为，人类具有天生的学习愿望与能力，这是一种值得教育者信赖的心理倾向，这种对未知世界探索的能力需要在教育者创设的适当情境下进行释放。当学生了解到这种知识是建立自身知识结构所需要的内容时，就会对其产生强大的兴趣，这种兴趣会促使学生去探索问题的答案，从而填补自身知识框架的空缺，当教师能够触发学生这一状态时，教学就成功了一半。与此同时，罗杰斯认为，教育者的任务不应该是教学习者知识，而是传授给学习者如何学习新知识的方法，至于应该如何学习，就由学习者自己决定。

人本主义学习理论从人性论和自我实现论的角度出发，在实际教育中提倡以学生为主体、以学生的经验为中心对学生进行教育。以该理论为指导推动传统教育改革，就是要将教学的重心从教师引向学生，把学生的思想情感、知识经验和心理诉求看作教学主体，促进教师与学生的教学互动以及学生与学生之间的学习互动，以实现教育教学改革的顺利开展。

3. 有效教学理论

有效教学理论是教育学的一个重要分支，该理论源于 20 世纪上半叶西方的教学科学化运动。有效教学是一种教师在课堂教学中可以高效地完成教学目标，并且在这一过程中可以满足学生自身知识层面和情感层面发展需要的教学行为，我们可以从以下三个角度来理解有效教学理论。首先，从促进学生发展的角度来看，学生高效的学习过程是有效教学所追求的根本目标。这就需要教师不再只是单一地进行知识灌输和要求学生对知识进行死记硬背，而是运用灵活多样的教学方法将知识以学生可以接受的方式进行传授，还要注意不同学生的学习进度不同，应依据学生自身的思维特点和学习能力将知识进行有效传授。同时，是否能促进学生的发展也是衡量教学有效性的重要标准之一。其次，从激发学生积极性和主动性的角度来看，兴趣是最好的老师。因此，学生是否能在一节课中高度集中注意力，取决于学生对这节课是否有兴趣。当学生对一个课题产生兴趣时，他就会主动地去寻找答案，教师只需要在学生寻找答案的过程中给予一定的引导和帮助，从而提高学生的学习效率。最后，从创设适宜的学习环境来看，压抑的课堂氛围不利于学生思维的展开，所以教师的上课状态对学生有重要的影响。在教学过程中教师应该留给学生独立思考和小组讨论的时间，不能只让学生"听"，而要更多地引导学生去发表自己的见解，给学生一定的时间和空间与其他学生个体或群体进行交流，以帮助学生以最佳状态消化吸收所学知识。有效教学理论从多元视角为互动教学法的实施提供了直接的理论依据和实践指南。

二、互动教学法在"纲要"课教学中的应用

（一）互动式教学法在"纲要"课教学中的应用价值

互动式教学是通过营造多边互动的教学环境，在教学双方平等交流探讨的过程中达到不同观点的相互碰撞交融，进而激发教学双方的主动性，以提高教学效果的一种教学方式。近年来，一些大学通过教学实践尝试，发现将其应用于"纲要"课教学具有重要价值。

1.有助于激发学生的学习积极性

互动式教学主要是在教师讲、学生听的基础上，利用多种手段让学生参与到课堂教学中。在课堂中，学生成为学习主体，教师重视师生间、生生间的互动交流，以满足学生的需求为出发点，这有利于激发学生的学习兴趣，使其发挥主观能动性，积极参与到教学过程中。

2.有助于培养学生的综合能力

传统的教学模式注重对学生知识的灌输，而互动式教学在"纲要"课中的应用更注重发挥学生的主体作用，鼓励学生积极主动地参与到教学过程中。在

互动过程中，教师通过启发、设疑等鼓励学生独立思考，合作探究，大胆发言，这能使他们的思维更加敏捷，语言表达能力、创新思维能力、综合运用能力等都能得到有效提升。

3.有助于增进师生之间的情感交流

在传统教学模式中，教师不但处于绝对的主体地位，而且与学生的交流甚少。而互动式教学中，教师在课前通过精心准备，整合教学内容，课堂上用平等、启发的口吻与学生进行互动交流，有利于学生自觉自愿地接受教师的观点，积极回答教师提出的问题。在课后，教师也会适当地与学生进行互动，这有利于增进师生之间的情感交流，使学生在交流过程中内化相关知识。

4.有助于提高教师的教学科研水平

在"纲要"课教学中采用互动式教学法，对教师的要求较高：教师要在认真阅读重要历史文献、经典著作的基础上，全面了解社会热点和学生的情况。因此，应用"互动式教学法"既有助于促进教师继续学习，打好扎实的理论基础；又有助于其主动更新知识，为课程建设积累丰富的资料；还有助于其积极提升教学科研水平和自身综合素质。

（二）互动式教学法在"纲要"课教学中应用的原则

1.方向正确性原则

"纲要"课作为大学生的思想政治理论课，首先必须遵循政治立场的坚定性和政治方向的正确性。"纲要"课课程作为对大学生进行思想政治教育的主阵地，在政治言论、政治行动方面必须同党中央保持高度一致，不能偏离正确的政治方向。这就要求教师在应用互动式教学法时，必须把握好教学内容，在互动过程中积极引导学生，及时纠正学生偏激的思想观点，实现"纲要"课教学目的，使学生真正认识和理解历史和人民是如何进行"四个选择"的，从而真正发挥"纲要"课的思想政治教育作用。

2.师生双主体性原则

在"纲要"课应用互动教学法的过程中，必须遵循师生双主体原则。在传统教学模式中，教师是主体，是主动的传输者；学生是客体，是被动的接受者。而在互动式教学中，学生和教师均是教学主体。这里的主体性既指学生学习和参与的主体性，又强调教师课堂设计、调控的主体性，以主体性的"教"培养学生主体性的"学"。因而，互动式教学要想真正取得成效，教师必须精心做好教学设计，学生必须积极主动参与教学活动，两者缺一不可。只有充分发挥了师生的双主体性，才能在课堂内外实现真正有效的互动，从而达到思想的交流碰撞，最终达成共识。

3. 教师主导性原则

"纲要"课内容多、课时少，在教学互动中，要坚持教师主导性原则，只有充分发挥教师的主导性作用，才能真正激发学生的学习兴趣，最终实现"纲要"课教学目标。首先，教师必须根据教学任务，精心设计互动环节，引导学生围绕互动主题积极发言，并根据讨论发言的进展，引导学生深入探讨。其次，教师要适度调控学生的互动情绪，避免一个互动环节占用太多课堂时间。最后，教师应对互动情况进行点评和总结，对课堂讨论内容进行分析，并鼓励学生积极探讨，对有独特见解的学生给予充分肯定。

（三）互动式教学法在"纲要"课教学中的应用方式

1. 问题讨论式

问题讨论式教学法在互动式教学中应用广泛，它改变了传统教学中教师"填鸭式"的教学模式。近年来，越来越多教师主张通过问题讨论式教学调动学生的积极性，通过提问、讨论的方式让学生积极主动地思考问题、发表见解。为调动全体同学的积极性，避免个别学生唱独角戏，教师可将学生分成若干个小组进行讨论，各组派代表进行课堂发言，学生在讨论中集思广益，充分调动群体的智慧和力量，实现认识上的深化。同时，通过讨论教师所提出的问题，学生在课堂上能与教师开展平等交流，更加深入地理解问题。

2. 课堂辩论式

课堂辩论式是"纲要"课互动式教学中比较常用的一种教学方法，该方法能让全体学生参与到课堂教学中，做到寓理于辩，寓教于乐。教师需要提前安排辩论的有关事项，把学生分成正反两方，双方围绕辩论主题查阅资料，并在课前选好辩手、主持人、评委、记分员、记时员等。辩论结束后，教师要对其进行点评和总结。值得注意的是，对于辩论的主题，教师应精心选择与课程相关的热点、疑点问题。

3. 上台讲课式

上台讲课式是教师与学生临时互换角色的一种教学方法，指在互动式教学中教师引导学生走上讲台讲课，教师听学生讲课。这种方法应用也较为广泛，它不仅能拉近教师与学生之间的距离，融洽课堂气氛，还有助于提高学生的学习积极性，使其主动参与到课堂教学中。在具体教学过程中，教师于课前提出相关的教学主题，并将学生分成若干个小组，为每个小组布置讲课的内容。为了使多数学生都能上台讲课，教学内容一般只涉及一个知识点，要求学生围绕教学主题准备资料。在课堂教学中，每个小组要分时段轮流上台讲课，教师在台下对每个小组的表现进行评价，并将其表现计入平时成绩。

4. 情境模拟式

情境模拟式教学法是指教师在课堂教学过程中根据教学内容创设模拟情境，让学生尝试独立分析具体问题，并做出判定和决策，以培养学生运用所学理论解决实际问题的能力。这种教学法注重发挥学生在课堂教学中的主体作用，能有效激发学生的学习兴趣，使其在主动学习中强化多方面的能力。例如，在"纲要"课教学中，教师可运用多种方式创设情境，如用语言描述情境、通过环境模拟情境、组织学生进行历史人物角色扮演等，使课程教学变得生动有趣，让学生感受到真实的场景，调动学生的学习积极性。

5. 网络互动式

网络互动式主要是指师生之间利用网络平台参与互动的一种课外教学方式。网络互动是以互联网为教学平台，为学生的课外学习提供内容，利用网络资源创造一种不同于传统教学的学习环境，它能拓宽教学空间，促进师生间的沟通交流，发挥教育资源的最大效益，从而实现学习的多维反馈、多元目标和多元发展。例如，教师可以利用校园网络平台，也可通过"世界大学城"、超星慕课平台、雨课堂、云班课等建立教学空间，将有关"纲要"课的资料（课件、教案、视频、案例等）上传至教学平台，并引导学生自行利用教学平台进行学习、交流。

第三节　情境教学法

教师根据相应的教学内容创设教学情境，烘托教学氛围。"纲要"课情境教学可采用历史实物展示、舞台表演、现场教学、开展辩论赛等形式，让学生通过亲身体验加深对历史事件的领悟，从中获得道德力量，使课堂真正"活"起来。这种教学方法能够使学生和教师均参与教学活动的诸多环节，将课程理论与课内实践活动有机结合在一起，充分体现教师主导性和学生主体性的结合，有助于更好地落实立德树人根本任务。

一、情境教学法的概念与特点

（一）情境教学法的概念

"情境"一词在《现代汉语词典》中的解释为"情景；境地"。由此不难看出，情境不单单指我们所看到的景物、实际环境，更多的是指与心的连接，是一种心境。情境既包括活动情境、学习情境，又包含社会情境等。在情境教学中，我们所谈到的情境，它包含的内容就更加丰富了，它既是为我们的情感体验所创设，又是为我们的活动教学而准备，是一个师生共同享受其中、有境有情的广大空间。在卢梭的《爱弥儿》一书中，我们看到的是大自然环境对爱弥儿的教育以及卢梭为了让其更好地发展自身能力而刻意为其准备的教学环境，这就把教育和环境的综合作用发挥到了极致。最终我们看到，情境是多方面的，它既包含着真实的环境，又可以是为了更好地达到教育效果而专门创设的环境。它体现着教育者的意图，是一个富有美和智慧的广阔空间。著名儿童教育家、情境教育创始人李吉林指出，"情境教育"中的"情境"实际上是已经人为优化了的环境，是为了儿童发展而创设的环境。情境是一种主观和客观共同作用其中的教学环境，情因境而生，境因情而设，是一种更加方便师生沟通交流的方式，集情感、认知、行为等为一体。

所谓情境教学法，是指为了达到既定的教学目标，依据课程标准、教材以及学生的需要在教学过程中创设具体情境的方法，它能激发学生的学习兴趣，启发学生积极主动思考，从而帮助学生理解教材内容，学习新知，掌握解决问题的能力。

情境教学法是 20 世纪 80 年代开始在我国流行的，尽管在这之前没有这种提法，但这种教育方式却是早就存在的。《礼记·学记》中创设的"道而弗牵，强而弗抑，开而弗达"的启发式教学情境便是一个很好的例子。正如刘勰在《文心雕龙》中谈到的"情以物迁，辞以情发"一样，人的情感是根据事物的变化而变化的，情境的变化自然也会引起学习者不同的情感体验。苏联教育家苏霍姆林斯基在其教育实践中也将人的活动体验与活动的交互作用看得尤为重要，所以他会经常带着学生走进大自然，感受不一样的认知体验。美国教育家约翰·杜威从实用主义经验论和技能心理学出发，批判了传统的教育观念，就教育本质提出了"教育即生活"和"学校即社会"的观点，给当时的美国带来了一场浩大的教育理念革命。他改变了德国著名心理学家、教育家赫尔巴特提出的教师、知识、课堂"教育三中心论"，提出了儿童、经验、活动"新教育三中心论"，将"活动中心"放在突出位置，认为应创设适当的教学情境让儿童依靠经验来学习、认知。到了20世纪80年代，李吉林提出的情境教学在吸收了"境界说"、心理学等相关知识后应运而生了。她提出了"美"为境界，"思"为核心，"情"为纽带，"儿童活动"为手段的理论，在此基础上，情境教学的理论模式不断丰富发展。

（二）情境教学法的特点

1. 真实性

情境教学的情境是指学生通过对生活情景的再认来达到学习新知的目的，因而情境教学所创设的情境具有真实性。情境教学的相关理论认为认知是在情境与探究活动中发生的，情境是学生学习知识、提升能力的关键所在。而通过学生认知的日益丰富，学生的经验也越来越多，可供学生学习的情境也相应增多，因而可以让老师创设真实情境的范围也跟着扩大了。情境教学要求为学生创设合理真实的情境来负载知识，学生也将在这些真实的情境中探究学习，提高认知。

2. 自主参与性

新课标强调学生是课堂学习的主体，具有主动性。在情境教学为学生提供的情境中，学生也应是主动学习的主体，自主参与到课堂探究活动中来。学生通过自主、合作、探究等方式结合情境感受新知，他们不再只是单纯的被动接受者，而是可以借助情境、经验进行独立思考、学习探究、总结概括的主动参与者。在整个学习过程中，学生结合情境依据自身知识框架进行有意义的知识建构，不仅获得了知识，还提高了自身的学习能力。

3. 情感性

情因境而生，境因情而设。情境教学最大的一个特点就是情感性，其既是学生情感在情境中的体现，又是教师情感的表达，更是师生共同情感的交流。情境的创设重在情感的激发，以客观情境为基础来达到学习新知的目的。在整个情境教学过程中，要营造轻松愉快的教学氛围，使学生的学习达到要求，情感也得到升华。

4.发展性

正如形成性评价所倡导的那样，学生不是一个一成不变的个体，教师应学会用发展的眼光来评价学生。而教师在创设情境教学时，教学效果往往也可能会与预设有所差距，这时教师就不能因预设目的而过度约束学生的行为。这其实与思想政治课的育人原则是统一的，我们所培养的人不是一个个一模一样的人，而是有自己感情、个性、思维的鲜活生命。所以，在情境教学的过程中，教师要根据学生的情感体验及时调整自己的教学方案，不要将不符合学生成长的目标强加给学生，忽视当下学生的情感体验，要学会用生成性的眼光来正确看待情境教学，完善学生认知过程。

二、情境教学法在"纲要"课教学中应用的现实依据

（一）教学内容适合运用情境教学法

一方面，所谓历史"是指在过去的时间中出现过的人、物与事"，单纯的历史知识是枯燥的，大学的"纲要"课是一门思想政治理论课，除了传授历史知识，还要完成思想政治教育任务，特别注重历史理论的掌握和灌输。在传统观念的影响下，教学中容易出现历史事件的流水账化、历史人物的脸谱化、历史评价的教条化等现象，使学生产生厌倦心理，丧失学习兴趣。对于学生而言，以积累知识、发展记忆和掌握已有结论为目标的传统历史课堂教学，难以激发其对"纲要"课学习的积极性。据笔者在课前所进行的调查显示，不少学生认为历史课"就是读读背背""枯燥无味"，表示不感兴趣。

另一方面，在思想政治理论课中，"纲要"课内容又较为形象和生动，现实中我们发现：学生不喜欢历史课，却喜欢历史探究；不喜欢历史课本，却喜欢历史课外书籍；不喜欢历史课堂，却喜欢历史人物。那么，我们就应充分利用学生对历史知识的兴趣，创设教学情境，调动学生的学习积极性，以实现教学目的。"纲要"课程讲授的是我国从1840年至今180多年的革命、建设的历史，这是中国历史发展变化最为剧烈的时代（既经历了因西方资本—帝国主义的侵略而导致的"千年未有之变局"，又面临着中国因从站起来富起来到强起来、日益接近世界舞台的中心而进入的"百年未有之大变局"），为我们留下了丰富多彩的历史画卷。湘潭大学历史系教授、博士生导师郭汉民在其专著《晚清社会思潮研究》一书中指出，近代中国百余年中，"举世震惊的历史事件就发生了至少十起，平均每七八年就有一次。这种变化的剧烈性在我国古代是没

有的，在世界近代史上也是少见的"。就在这种剧烈的历史变革中，一批又一批仁人志士为我们留下了可歌可泣的英雄史诗、荡气回肠的历史进程、影响至深的思想文化；而中华人民共和国70多年的社会主义革命和建设中，社会主义政治经济体制逐步确立，中国特色社会主义建设突飞猛进，社会发展日新月异。所有这些过去的和正在发生着的历史都为我们的课堂教学提供了丰富的文字资料、图片图表资料和影视资料。以此为依托，引导学生对历史事件进行分析考证，对历史人物进行评价还原、对思想思潮进行思考借鉴，变讲授历史为呈现历史，进而使学生在学习中发现历史的魅力、汲取历史的智慧，可全面提高"纲要"课教学的深度和效果。

（二）教育对象要求运用情境教学法

"纲要"课授课对象为大学本科学生，他们在中学已经学习过历史，对近现代史的整体发展脉络有一定程度的掌握。大学讲"纲要"课若不在教学理念、教学内容等方面做出改变，就容易变成对中学历史知识的重复。"中学已经学过历史，大学为何还要学习历史？"是很多学生的疑问。同时，现在大学生大都自我选择性极强，很少对某种价值观念盲目认同，趋同意识很淡，希望自我展示思想，通过争论和碰撞形成新观点、摸索新思路。学生参与课堂的欲望和要求日趋强烈，观察学生对思政课的评教，意见最集中的往往就是认为课堂沉闷和互动不足。因此，利用情境教学，组织课堂讨论、辩论、角色扮演等教学活动不仅能够调动学生参与课堂的积极性、交换观点的热情性，还有助于学生在原有的历史知识基础上，对中国近现代史学习产生兴趣、发现问题、深入探究、获取新知、升华情感，从而更好地实现教学目的。

（三）教学条件利于运用情境教学法

多媒体教学、网络教学等教学手段的普遍应用为教学情境的创设提供了条件。从心理学上看，在教学中通过生动形象的形式，引起学生积极健康的情感体验、提高其学习积极性，是情境教学为学生所接受的关键，而在此过程中，多媒体教学条件可以起到重要的辅助作用。首先，借助多媒体手段，教学过程中可以更多地为学生展示直观、形象的视听材料，如纪录片、历史题材影片、图片等，这些素材的有效利用将对"纲要"课情境教学的开展创造有利条件；其次，借助网络、多媒体手段，学生在参与课堂的各环节时可以收集更多的资料，同时也可通过制作多媒体课件更加直观准确地表达自己的观点；最后，网络教学的实现拓展了师生交流、生生交流的空间，讨论、辩论等环节可以随时随地在更广的范围内实现。

三、"纲要"课情境教学中情境的几种创设

（一）语言描述情境

语言描述情境就是根据需要将教学内容"故事化"。教材只是概括地梳理历史的脉络，阐述重大历史事件，评点重要历史人物，而教师可以将视野聚焦到一些具有典型意义的细节上，以故事化的语言描述，深入分析、详细解说，从而激发学生的学习兴趣，使其深化对历史事件、历史人物的认识。教学内容故事化不是搞成故事会，不能漫无目的地讲述野史轶闻，而是以忠于史实为前提，同时注重启发，引起学生思考，组织课堂互动，以故事化的内容解决理论化的问题。

（二）利用爱国主义电影创设教学情境

教师可在上课前搜集与爱国主义相关的、有利于促进立德树人的电影或电影片段，准备在课堂上播放。在上课时，教师为了让学生能了解历史事件、感受历史氛围，可边讲述边播放与课堂内容有关的爱国主义影片，在播放的过程中还可以借影片进行提问，让学生思考影片中蕴含的深刻历史意义，借此创设情境。影片可以是对教材中某一事件的延伸或扩展。因此，教师结合教材，通过视频向学生展示历史片段，可以让学生了解历史事件的来龙去脉，通过影片组织学生讨论，可以为学生营造一种身临其境的氛围。在此种情境下，学生自然能理解历史事实及其背后的含义。例如，讲到"甲午战争"这一教学内容时，为了让学生理解这场战争背后的深层次原因，教师可以先展示《一八九四·甲午大海战》的电影片段，让学生感受洋务运动时期的中国和明治维新时期的日本都在努力效法西方、建设本国海军的时代氛围，给学生创设一种真实的情境，将学生带入情境中。同时让学生讨论邓世昌和伊东祐亨在读书期间的表现，并进一步提问："为什么后来两人回国后，前者壮志难酬，后者却能在甲午战争后升任海军军令部长？"接着通过播放"英国准备出售一艘最新式的军舰，清廷因修颐和园早已无钱购舰，日本得知这一情况后，天皇带头捐款，抢购下该舰，并命名为'吉野号'……"这一片段，继续创设情境，并向学生提问，接着组织学生进行讨论。在学生讨论时，教师可以让他们进一步结合史料，比较清廷修建颐和园的巨额开销和日本购买新式军舰的具体费用等，引导学生走进创设的情境中，从而展开深入思考。

（三）利用历史照片创设教学情境

高质量的历史照片是对历史上某一事件、人物、社会或地理风貌的永久定格，能在较大程度上反映出历史真实性，给人以很强烈的历史现场感。因此，教师可在讲课过程中向学生展示与授课内容相关的历史照片，既可以展示单个相片，又可以展示一系列的对比照片；既可以展示历史地图、人物画像、历史场景图、历史文献图片，又可以展示文物图片、拓片、名胜古迹图片等。教师在课上利用多媒体播放这些照片，并以此创设情境后，要注意依据教学需要，围绕照片内容向学生提问，深挖照片背后的内容。其间，教师可以边播放、边引导学生讨论，让学生在讨论的过程中理解需要学习的知识。教师在播放照片时，还可鼓励学生自主上网查找与照片内容相关的信息，并让学生进行对比分析，从而使学生在情境中轻松掌握重难点。例如，在讲授"西方列强对中国的侵略"时，为让学生认识帝国主义侵略对中国的影响，首先，教师向学生展示苏格兰著名摄影家、地理学家、探险家约翰·汤姆森中国摄影作品集《中国和中国人》中多张当时上海外滩建筑群的照片，创设具有年代感的情境，并设问"这是哪里"。其次，教师进一步提问："照片中的建筑是目前外滩上的哪一栋，其背后有什么历史？"鼓励学生利用手机上网进行查询对比，并组织学生进行分组讨论，尽可能让学生能辨认成功。最后，教师给出准确答案，并对学生的讨论进行总结，这个过程中教师可以进一步结合照片创设出能让学生讨论的情境，让学生说明上海的租界是怎么样形成和发展的，使学生透过照片了解近代中国是如何沦为半殖民地半封建社会的，加深其印象。

（四）利用历史实物创设教学情境

为了让学生能深刻理解所学内容，教师在讲课时可穿插用各类文书函件、图书典籍、票证收据、银圆纸币等创设的实物情境，把课文内容形象化。在讲解途中，教师可根据讲解要求适时展示这些与课文内容有关的实物，并进行设问、讨论、表演等一系列活动，创设真实的教学情境，这样既可以让学生亲手触摸这些实物，又可以让学生根据实物查找资料，从而激发学生的参与热情。同时，教师也可以让学生根据这些实物进行表演或再现历史，使学生对史实理解更透彻。例如，在讲述解放战争时期"第二条战线的形成和发展"时，首先，教师向学生展示新版的一百元人民币，并提问"用它目前可以买多少大米"，通过这种情境问题让学生思考、理解"购买力"这个概念。其次，教师向学生展示国民党发行的法币和金圆券，并设问国民党为何要抛弃法币而改发金圆券，让学生通过查阅资料和讨论，了解当时国统区的经济形势。最后，教师可让学生利用实物进行角色扮演，让学生扮演商人或平民，通过学生对一百元的具体使用，给学生身临其境的感觉，加深学生对知识的理解。

（五）利用现场教学创设教学情境

各地的爱国主义教育基地往往能反映出中华民族的悠久历史文化、近代反对外国侵略的斗争、党的光辉历史、社会主义建设伟大成就等内容，非常贴合"纲要"课程的教学内容和要求。因此，教师可带领学生参观各地的爱国主义教育基地，如各地的历史博物馆、革命战争纪念馆、遗址公园、烈士陵园、陈列馆等，边参观边讲解其中的历史知识，利用现场创设真实的情境。教师带领学生置身于这一真实情境，并结合教材提问学生与基地相关的知识，能让学生直观地理解历史文化。当然，教师还可以让教育基地中的讲解员进行讲解，加深学生的认知。之后，教师还可以根据基地中陈列的有年代感的实物、图片进行提问，引导学生讨论，让学生将在爱国主义教育基地的收获进行整理后在课堂上展示，并由教师进行总结。例如，在讲授"中国共产党的创立及其意义"这一课时，江浙沪一带高校的教师可以组织学生就近前往位于浙江嘉兴的南湖革命纪念馆，先带领学生瞻仰南湖红船，给学生身临其境的感觉，让学生在真实情境中理解知识，设问"什么是红船精神"，引导学生学习、领会红船精神的深刻内涵；再带领学生参观南湖革命纪念馆、观看视频《追梦》，加深学生对中国共产党领导中国人民实现伟大复兴的历史进程的认识。纪念馆里存有1920年9月印刷出版的《共产党宣言》中文译本，教师可以提问学生是否知道陈望道翻译《共产党宣言》的故事，并结合讲解员的讲解创设情境，使学生明白是一代代共产党人前仆后继才换来我们今天的岁月静好。最后，教师可选取其中的优秀作品在课堂上展示，并结合教材内容进行点评、归纳总结，从而达到最终的教学目的。

（六）以角色扮演、辩论等表演形式创设情境

角色扮演是指师生共同扮演不同的角色，认真把握历史人物，再现某一历史场景的一种体验式教学方法。情境表演的形式多种多样，小品、短剧、辩论、诗歌朗诵皆可采用，还可以拍摄制作成视频形式在课堂或校园网上播放。当学生被置于一种特定的历史环境中时，会调动自己的想象，揣摩历史人物的心理和行动，洞察历史发展的背景环境，角色扮演也能激发学生学习的兴趣，锻炼学生的人际交往和语言表达能力。例如，"马克思主义进一步传播与中国

共产党的诞生"一节中"问题与主义"之争，胡适与李大钊分别写了大量的文字阐述各自观点。教师可就这一节内容发动学生收集争论材料，分组展开辩论，在辩论中进一步认清马克思主义在中国传播的过程。在角色扮演过程中需要注意两点：一是学生要有充分准备，尽可能多地收集资料，对历史人物、历史事件有足够的了解和把握，保证历史人物不走样、历史事件不失真；二是在表演活跃课堂氛围的同时，也要注意课堂的严谨性，做到事先有排练、教师有指导。

四、情境教学法在"纲要"课教学中应用的注意事项

（一）学生积极性的调动是情境教学得以实现的先决条件

情境教学说到底是参与式教学，学生是否参与和参与的程度直接决定了情境教学的效果。情境的创设本身就是为了引起学生的兴趣、调动其学习的积极性，因此无论是何种情境的创设，都必须做到生动而不失严谨、活泼而不失深刻，让学生能够参与、乐于参与。在教学过程中，应该做到"教师搭台，学生唱戏"，而非教师自导自演。创设情境、分析背景、展示史实之后，要展开充分的师生互动、生生互动，教师注意启发，不轻易得出结论，特别注意引发学生主动思考，让学生自己得出理论认识并升华，同时与其他学生进行交流分享。我们的目的是让教育对象在情境中得以领悟，得到情感和认识的提升。

（二）注重历史与现实的联系

学习历史需要个人感悟和理解的参与，学生对历史的学习实际上经历着一个"相遇—感悟—理解—升华—内化"的过程。因此，教师在进行历史教学时，应该把历史的教学看作是一个进行着的过程，注重学生对历史的"现时感受"。让学生在现实、现在的生活中找到"历史的感觉"，发现身边的历史、生活中的历史，特别是社会热点问题，使历史感与现实感融为一体，让学生认识到历史并非过眼烟云，而可以和纷繁复杂的现实生活接轨。也只有这样，学生才能把历史与自身生活联系在一起，才能真正地参与到情境教学课堂中，从历史的经验和教训中鉴古知今，把过去时态的历史转变为现在进行时态的历史。

（三）加强引导，注重与学生平等交流

情境教学鼓励学生参与课堂、畅所欲言，但由于学生知识、认识等方面的局限，发言中往往容易出现无关、偏颇或过激的言论，脱离了课堂教学目的。这时，教师应充分发挥主导作用，加强引导。但加强引导不是武断的理论

说教，语言应避免流于"八股腔"，若说者无味、听者无聊，师生则不在一个对话系统里。上课不是读党报，也不是写论文，"纲要"课中应少用专业语言，多用生活语言，学生听得懂，也就容易接受。只有贴近人情、人性，才能做到思想政治教育的"润物细无声"。这就要求教师除了具备较强的科研能力和学术水平，还要能够把学生作为平等交流的对象，与之展开朋友式对话，以史佐论，以理服人，只有这样才能更好地驾驭教学，进一步增强课程内容的说服力和教师的人格魅力。

（四）加强与其他教学方式的整合，防止片面夸大情境的功能

学生的学习过程是丰富的、复杂的，不仅要应对各种知识和问题，还要调动各种学习能力并进一步形成新的学习能力，因此学生需要选择适合自己的学习方法，即使能够入情入境地进行体验和学习，也需要借助其他的有效方式进行补充。况且若学生的学习单凭学生个体的感悟，具很容易进入单纯的自我意识控制之中，不利于学生视野的开拓和思维的发展。教学目标的达到，也需要教师根据不同章节的教学内容，针对不同专业学生的特点及学生的具体要求，灵活地采用多种教学方式辅助教学。因此，可将情境教学置于重要地位，并以其他有效的教学方式为补充，充分发挥不同教学方式的"合力"作用，使学生的学习状态丰富多彩，从而更好地提高"纲要"课的教学效果。

第四节　案例教学法

案例教学法是以案例为基础进行的教学法。在"纲要"课教学中，任课教师要注重使用客观真实的案例活化教学内容，以达到教学最优化。教师可通过鲜活典型的案例，激励当代青年担负起时代赋予的重任，更好地落实立德树人根本任务。

一、案例教学法的概念

（一）案例的含义和特点

1.案例的含义

案例，英文为 Case，原意为情况、情形、事例。通俗地讲，就是对人们在

平时学习或生活当中经历的有纪念意义的事件的真实陈述。它是对人们所经历的故事的有意截取。案例一般包括三大要素即时间、地点、经过。案例对于人们的学习、研究、生活借鉴等具有重要意义。所以案例在学者们的研究中形成了一定的格式或标准样式，为我们更好地适应案例情景提供了很多方便。

纵观国内外学者对案例概念的研究，具有代表性的观点有以下几种：米勒和堪佐夫将案例定义为："案例是对一个关键事件的一种语言叙述，它描述了这个事件中的一些特别特性，而这些特性是激发参加者就某一主题进行讨论的基本元素。"美国芝加哥大学教授劳伦斯则认为："案例是对复杂情境的记录，一个好的案例是一个把部分真实生活引入课堂，从而使教师和全班学生对之进行分析和学习的工具，它可以使课堂讨论围绕着真实事件中的问题来进行讨论，但一个好的案例首先必须是一篇好的报道。"[①]

"所谓案例，就是完整叙述发生在一个真实、复杂的教育情境中的、蕴涵一定的教育道理、能启发人思考的、具有一定典型性的教育故事，在这个故事中可能也必须包含有一个或多个教育疑难问题或矛盾冲突，并且隐含着解决这些问题或矛盾冲突的多元化方法。"[②]而我国著名教育家、中国案例研究会会长余凯这样定义："案例是为了一定的教学目的，围绕选定的问题，以事实作为素材，而编写的某一特定情境的描述。"[③]

结合以上国内外学者的观点，我们可以很容易地总结出思政课/德育案例的含义：一种以实际情境为依据，经过思政课/德育课教师的加工，服务于思政课/德育课教学、具有真实性、典型性、时效性的情境表述，包含情境中的人物、情节、困境或问题，篇幅可长可短，供思政课/德育课教师灵活运用的事例即为思政课/德育案例。

2. 案例的特点

在一堂课中，使用案例展开教学，能否取得预设的教学效果，取决于案例质量的好坏。一个好的案例应该具备以下几个特点。

（1）真实性。在教学过程中，教师所选用的案例应该是真实发生过的事件或情景。真实的案例能够让学生产生信赖或共鸣，让学生明白案例来源于生活、

---

① 梁君.教学案例库建设的问题与对策[J].科教文汇（下旬刊），2012（3）：35-36.

② 吕林.案例教学法在公共教育学教学中的应用[J].中国电力教育，2011（26）：69-70，76.

③ 郭纯平.大学课程思政案例教学运用的彻底性与通俗性[J].中学政治教学参考，2020（38）：98.

来源于现实，学生也会因为经历过或者了解这些情况而更有兴趣参与案例讨论。

（2）典型性。案例所反映的现象必须是人们尤其关注的新焦点、新内容、新问题，并且是对现实社会、生活有影响的事件，具有很强的代表性。在教学中，选择案例必须根据课程目标，从纷繁复杂的事例中选出具有代表性、共性、典型性的案例作为案例素材，这样才能起到一定的作用，才能使学生分析解决问题的能力得到提高，并且受到启发。

（3）问题性。案例本身就应该是一个问题，一个需要解决的问题。并且该问题最好答案不一，这样能够激发学生思考，培养学生的思维能力，使学生在不断思考中升华和提升，有助于培养学生的信心。

（4）时代性。必须与时俱进，在案例选取上一定要跟得上时代的潮流，要多收集选用可以及时反映时代热点的新案例，选取与时代紧密结合并且有实效性的案例。这样的案例教学课堂才有活力，学生才有新鲜感，才愿意全身心投入到案例学习中。

（二）案例教学法的含义和特点

1.案例教学法的含义

关于案例教学法的含义，目前学者们并没有统一的意见，通过搜索查证，主要有以下几种典型定义。舒尔曼等指出，"案例教学法是一种以案例为基础，进行研讨的教学方法，也是理论与实务之间的桥梁，即教学者利用案例作为讲课的题材，以案例教材的具体事实与经验作为讨论的依据，经由师生的互动探讨案例事件的行为与原因，发掘潜在性的问题，强调学生的主动积极参与的学习过程。"[①]《案例教学原理》的主编靳玉乐在书中谈到，案例教学是"在教师的指导下，根据教学目的的要求，组织学生通过对案例的调查、阅读、思考、分析、讨论和交流活动，教给他们分析问题和解决问题的方法或者道理，进而提高他们分析问题和解决问题的能力，加深他们对基本原理和概念的理解的一种特定的教学方法"。华东师范大学教授郑金洲认为："从广义上讲，案例教学可界定为通过对一个具体情境的描述，引导学生对这一特殊情境进行讨论的一种教学方法。在一定意义上，它是与讲授法相对立的。"[②]由此可见，案例教学法

---

① 孟贵会.案例教学法在中职"职业道德与法律"课程教学中的运用[J].文教资料,2016(26):182-183.

② 郑金洲.案例教学指南[M].上海：华东师范大学出版社，2000：7.

是指在教师的精心设计和指导下，根据课程教学内容的实际需要，运用典型案例将学生带入到特定的情境中，学生对案例所指向的问题进行深入讨论分析并得出答案，从而提高学生分析和解决问题的能力的一种教学方法。

2.案例教学法的特点

案例教学法有其独特之处，有自身的特点，主要表现在以下几个方面。

（1）互动性。俄罗斯教育家季米良捷夫曾经说过："教师不是传声筒，把书本的东西口头传达出来，也不是照相机，把现实复呈出来，而是艺术家、创造者。"[①]案例教学法打破了传统教学以教师为中心，学生被动接受、被动学习的局面，使学生和教师双向互动，高度配合。教师和学生的互相交流、互相碰撞贯穿整个课堂，体现了平等的师生关系。

（2）多元性。在案例教学法中，学生可以通过不同的角度、不同的方法、不同的侧面、不同的思路来发现不一样的答案。虽然是同一个教师，运用同一个案例展开教学，但是学生之间存在差异，依然可以得出多元化的结论。

（3）生活性。教育不能脱离生活，脱离了生活的教育就是空谈，教学的目的就是让学生学会解决实际生活中的问题，进而慢慢成长。案例教学法正是与实际生活相结合的有效的教学方式，由教师将具有典型性、时代性的案例展示给学生，这些案例来源于生活，学生能够在案例学习中了解生活、感悟生活、体验生活。

二、案例教学法在"纲要"课中的应用

（一）案例教学法在"纲要"课中运用的必要性

1.丰富的史料是进行近现代史纲要课案例教学的基础

"纲要"课讲述了自1840年以来中国一百多年的屈辱史奋斗史，其中各个阶层的人民都进行了反抗，留下了无数可歌可泣的英雄史诗。林则徐虎门销烟沉重地打击了帝国主义的嚣张气焰，太平天国运动严重地动摇了清王朝统治的根基，李鸿章的洋务运动开启了中国近代化的进程……教师完全可以发掘和利用这些资源，为教学提供丰富的素材。

2.案例教学法自身的特点比较适用于"纲要"课

"纲要"课往往不被学生重视，认为不必花费太多时间。其实大学生学习，

---

① 薛超.高校思想政治理论课教学语言艺术研究[D].北京：首都师范大学，2011.

更重要学的是一种思想，一种价值观，一种思维模式。"纲要"课教学的目的在于使学生在已掌握历史的基础上，树立辩证唯物史观。通过选取经典案例、再现历史情境，帮助学生深刻了解国史、国情，深刻领会历史和人民为什么选择了马克思主义、选择了中国共产党、选择了社会主义道路、选择了改革开放。

3.案例教学法较为符合当前大学生的特点

当前的大学生具有较强的独立自主性，喜欢进行探究，不喜欢盲目认同某种价值观，喜欢通过辩论来证明自己的观点。而案例教学法正好囊括了讲解、模拟、互动、讨论等要素，是适应学生特点的教学方法。

（二）案例教学法在"纲要"课中的应用原则

1.目的性或针对性原则

无论采用何种教学方法，都是为教学目的的实现服务的，所以案例教学不能为案例而案例，而应该根据教学目的的需要、教学内容的安排和教师教学设计的构思，有针对性地选择案例，充分体现教学目的，达到教学效果。比如，在"纲要"课教学伊始，一是针对课程性质，"纲要"课是以史讲论，以论为主，需要进行历史史实的讲述；二是针对大一学生刚进入大学校园，还有很多不适应的地方，目标尚未清晰确立的实际，可以安排教学案例《毛泽东人生探索的历程》。此文是1936年埃德加·斯诺在延安对毛泽东的采访汇集而成的，文中概述了毛泽东青年时期的思想变化，以及最后形成马克思主义信仰的过程。这个案例涉及戊戌变法、辛亥革命、新文化运动等历史背景，不但可以向学生呈现从戊戌变法到中国共产党成立前夕的历史，而且通过对毛泽东同志青年时期思想变化历程的分析，一方面可以让学生认识到人是社会的人，人的思想变化和社会发展是分不开的，因此大学生成长成才不应两耳不闻窗外事，而应家事国事天下事事事关心，养成关注时事、适应社会的习惯；另一方面可以让学生认识到目标的确立要经历漫长的过程，教师要引导学生认识到作为大一的学生，目标尚未确立时，既不能急躁，又不能放弃，而需要不断探索，正像爬山一样，到达高度的不同看到的风景也不同，当到达山顶，一览众山小时，目标才会逐渐显现并明确。选取这个案例放在"纲要"课"开篇的话"的教学中，与其说是在于对历史知识的展现，不如说更是在于对大一学生学习和生活的引导。

2.典型性原则

案例很多，但是要想说明问题，必须选择具有典型性或代表性的案例，这样才能在分析的过程中由个性推到普遍性，获得基本认识和理论知识。"纲要"课每一章节牵涉的人物和事件都很多，众多的案例皆能从一定的角度说明问题，但是由于课时限制，不能一一展示，需要取舍。所以应从具体章节的教学目的出发，选取比较全面、具体，具有典型性和代表性的案例进行教学。比如，讲述对资本主义工商业进行社会主义改造的内容时，可以选取"刘鸿生企业集团的社会主义改造"作为教学案例。刘鸿生是上海早年著名的民族资本家，曾有"火柴大王""煤炭大王""水泥大王"之称，所以比较有代表性。再者案例内容分别展现了国民党统治时期、抗日战争时期和新中国成立后刘鸿生公司的发展情况，特别是国民党时期刘鸿生公司被吃拿卡要与新中国成立后政府对刘鸿生公司的帮助形成了鲜明的对比，这些内容更易帮助学生理解为什么民族资本家愿意接受改造，为什么我们能通过和平的方式消灭资本主义生产资料私有制。分析文化渗透时，使用学生熟知的外国电影、电视剧作为案例比较有说服力且效果好，原因是学生在观看这些影片时，往往只注意其大手笔的制作，忽略里面的西方价值观、意识形态的宣传和传播，但经老师的分析和指点，学生能深切感受到这些问题的存在，并切身体会到文化渗透的无形及危害。

3. 真实性原则

进行案例教学时，选择的案例必须是真实的，而不是杜撰的，案例里面的数据必须准确，观点必须正确。这样分析才能有的放矢。原因是如果采用的案例是杜撰的或者里面的数据有误等，引导学生对其进行分析不但浪费时间而且也不易得出正确的结论，不能达到教学目的。况且在互联网时代，教师已经不是绝对的权威，互联网的普及使学生信息获取非常便捷，他们常常通过百度等搜索引擎考证教师的引用和举例，他们一旦发现案例内容有误，就会立马质疑老师的人品、知识和能力，从而导致对教师的失望和对学习的怀疑。虚假案例的使用不但会严重影响师生关系，而且也会影响到学生正确世界观、人生观的形成。因此，教师在选择案例时，应进行认真分析和查证，确保案例的真实性。

4. 系统性原则

因为教学目的往往是综合性的要求，所以这就需要案例内容反映全面。例如，在进行"文化渗透"内容的教学时，不仅要让学生清楚地认识到 1840 年后，列强为了奴役、麻痹中国人民，宣扬种族优劣论，借着传教的名义，在黑色教袍掩盖下的侵略之实,还要让学生们认识到,现在西方对中国的文化渗透依然存在。但是现有的具体案例都是从具体某个阶段、某个角度说明问题,单个案例很难达到教学目的,这就需要教师对案例进行剪辑和整合。

5. 时效性原则

在"纲要"课教学中,有些教学案例可以常用不衰,如"《南京条约》:一道耻辱的界碑""江河日下的天朝"等教学案例。这些案例的内容人们比较熟悉,案例中的人和事出现的时间比较早,可以说作为历史已被人们所接受,所以这些教学案例可以一直使用下去。但有些案例的选择必须体现时代性,与时俱进。否则,案例陈旧,要么不能说明问题,要么调动不起学生的学习兴趣。

6. 教育性原则

思想政治理论课是对大学生进行思想政治教育的主渠道、主阵地,高校培养的是中国特色社会主义的建设者和接班人。因此,在高校政治理论课教学中要坚持两手抓,两手都要硬,一手抓理论知识教育,理论知识教育是思想政治教育的载体,缺了知识教育,思想教育就没了根基;一手抓思想政治教育,思想政治教育是知识教育的凝练和升华。案例是工具,案例的使用是为教学服务的。所以,从育人目的出发,选择的案例必须具有教育性,除了要能够充分体现专业知识、专业技能,也要尽量能触动学生的心灵,对学生进行一定的思想政治教育。比如,在新中国成立后我国科研事业发展的教学中,选用"两弹一星"的教学案例,既可以让学生了解到我国科研事业发展的艰辛历程,又可以让学生深切地体会到以钱学森、邓稼先为首的科学家投身祖国建设的奉献精神和拳拳爱国心,让学生深受爱国主义教育。

7. 生动性原则

除遵循上述几个原则外,选择的案例还需尽可能具有生动性、形象性。兴趣是学习的动力,枯燥的案例不仅不利于调动学生的学习兴趣,还容易引发学生的逆反心理。在案例内容选择上教师要善于选取中国近现代历史长河中有血有肉的片段,在案例形式上,教师可以选用文字案例,也可以选用具有声像效果的视频案例,其目的都是以生动、形象的史实打动学生的心灵、使学生产生情感体验,并在分析讨论的基础上使学生得到真理的认知,从而取得良好的效果。

(三)案例教学法在"纲要"课中的应用策略

案例教学法可以根据需要选择不同的实施模式,常见的有案例讲授模式、情境模拟模式和案例讨论模式。案例讲授模式是指教师通过对案例的讲解或引用，说明所要讲的课程内容，使案例内容与课程的基本理论融为一体，以实现教学目的。情景模拟模式是指由教师选择和设计与教学内容相关的活动情境，让学生身临其境，主动参与，模拟表演。案例讨论模式是指在教师的指导下，以学生为主体对案例进行深刻剖析、深入探讨，从而找出问题答案，这是最典型的案例教学法。笔者以案例讨论模式为例，说明案例教学法的具体运用。

1. 编制教学目标

进行案例教学，首先要确定教学目标，明确此次案例教学要解决什么问题，达到什么目标。以"纲要"课为例，案例教学的总目标是让学生树立科学的历史观。为此，笔者将总目标细分成若干小目标，将小目标作为案例讨论的目标指向。在确定具体目标后，要明确此次案例教学要解决的问题具体归属哪一层面——是解决学生知识层面上的问题，还是解决思想层面的问题；是解决学生思维层面的问题，还是解决理论联系实际层面的问题；等等。比如，笔者设计了"李鸿章的功过是非"的案例教学，目标定位有二：一是教学目标，即通过对李鸿章功过是非的讨论，让学生理解地主阶级洋务派无法完成近代中国的历史任务的原因，进而让学生理解历史和人民为什么选择中国共产党；二是解决学生思想层面的问题。近年来思想界出现了历史虚无主义思潮，重要表现就是拔高洋务运动和李鸿章的历史地位，使学生思想出现混乱。通过此次案例讨论，可以帮助学生树立历史唯物主义的认识观。

2. 精选案例

一般来说，案例选取要语言精练，形象生动，详略得当。同时要遵循以下原则：一是案例要准确、客观。在案例中所采用的史料一定要客观真实地反映历史的本来面貌，不能以历史故事来取代历史真实。对于一些文学化、杜撰成分较多的历史作品，应谨慎采用。二是案例要典型、系统。所选取的案例只有足够典型，才能具有较强说服力，学生在案例分析、讨论中才能举一反三，不断提高分析和解决问题的能力。案例选取还要系统，如果能围绕主题选择一系列案例，层层深入，步步推进，教学效果将会更加明显。笔者在"李鸿章的功过是非"的案例教学中，选取了三组材料：第一组材料为"李鸿章与洋务运动"，案例包括李鸿章与中国近代铁路的修建、李鸿章与留美幼童；第二组材料为"李鸿章在洋务运动中的处境"，案例包括江南制造总局洋匠洋工的挟制居奇、李鸿章与顽固派关于兴建铁路的论战、李鸿章与左宗棠关于"海防""塞防"的争论等;第三组材料为"古今中外对李鸿章的评价",包括李鸿章自嘲为大清帝国的"裱糊匠"、伊藤博文认为李鸿章是"大清帝国中唯一有能耐可和世界列强一争长短之人"、梁启超"敬李之才,惜李之识,而悲李之遇"、凤凰网专栏作家王龙认为"李鸿章的脚跨进了新时代,而脑袋却还留在旧时代"等。三是案例的选取要具有针对性,案例既要针对学生所学的专业,使学生有专业熟悉感,又要有针对性地解决学生由社会思潮和错误理论造成的疑惑或思想混乱,把案例教学与解答实际问题结合起来。比如,在讲授"帝国主义对中国的侵略"时,针对"侵略有功"论,笔者为交通科学专业的学生设置了"中国近代修建铁路始末"的案例讨论课,为生物工程专业的学生设置了"西医东渐"的案例讨论课,通过这些讨论课,驳斥了错误的论调,取得了较好的效果。

3.学生自主探究

该环节又细分为分发案例、学生分析案例、小组讨论三个环节。案例教学确定后,要尽早地将案例和思考题发给学生。同时,还可以在材料中列出参考书目,供学生查阅。教师可在案例讨论之前两周发给学生,同时提供相关的思考题;为了避免学生产生厌烦情绪,在提问时可设置多个问题,由浅入深、由表及里、环环相扣。

在"李鸿章的功过是非"的案例教学中,有教师设置了三个问题:一是请围绕某一具体事例,谈谈李鸿章在洋务运动中的作为;二是如何理解李鸿章是大清帝国的"裱糊匠";三是如何评价李鸿章。问题一属于浅层次的问题,把学生的思维引向历史人物的特殊性和能动性;问题二引导学生思考历史人物的选择与社会趋势的关系;问题三通常会有不同甚至截然相反的回答,能够引起学生讨论的兴趣。

在学生自主探究的基础上,组织学生分组讨论,将学生分为若干小组,每组成员不宜过多;小组成员的知识基础、性格气质不宜同质化,而应尽可能地多样,这样他们在准备和讨论时表达不同意见的机会就会更多。在小组讨论的基础上,要求学生以小组为单位撰写分析报告,一方面是要求学生进行总结,完善本小组对案例分析的观点和认识;另一方面,能够让学生对本组已经解决的问题和尚待解决的问题进行归纳。

4.组织案例讨论

这是案例教学的核心。在小组讨论基础上,开展全班讨论,每个小组派出代表阐述对案例的分析，并要接受其他小组的询问并做出解释，小组其他成员也可替发言人回答。在案例讨论过程中，教师要正确界定自身角色，既不能过多干预学生的发言，又不能放任不管。

具体来说，教师要做好以下工作。一是做好案例讨论的开局。案例讨论的开局非常重要，它关系着案例讨论能否吸引学生的注意力和兴趣，使学生形成良好的心理态势以进行课堂讨论。笔者是这样做的：通过课前摸底，对学生小组讨论的基本情况进行了解，对于那些准备充分或者积极踊跃的学生，鼓励他们率先发言，进而带动其他学生积极讨论。二是维持好课堂讨论的秩序，处理好案例讨论中的"冷场"现象。由于学生认识与阅历的局限，在讨论时常出现"冷场"的现象，教师要及时地进行"串场"，可以简单总结前面学生的观点，然后过渡到下一问题，以保证案例教学的顺畅。对于讨论中的"跑题"现象，教师要及时把学生的注意力引导到主题上来。此外，教师还要平衡发言机会，既要避免有的学生沉默不语的现象，又要避免少数学生包揽发言时间的状况。

5.教师总结点评

在总结点评时可运用"夹心饼"模式，即对学生在前面几个阶段中的表现进行评价，以正面激励为主，对讨论中积极发言的学生给予肯定，对有独特见解的学生给予表扬；对学生在自主探究中暴露出来的正确的或错误的典型思维给予合理评价；并从马克思主义的视角回答学生的困惑，引导学生用正确的方法思考问题。

6.案例教学反思

案例讨论完后，教师要及时地进行反思，或者与其他教师讨论，从而提升教学技能，便于今后进行案例教学时将新的理解运用其中。教学反思的内容：一是反思案例讨论的成功之处，如案例展示的精妙之处、对教学障碍的及时排除、精妙的结束语等，将它们记录下来，作为今后教学的参考；二是反思案例讨论的失败之处并探究原因，在今后教学中注意避免；三是反思学生的问题，在案例讨论中，学生的知识缺陷、思维障碍等不足可能会暴露，通过教学反思，使自己以后的教学设计更加科学合理；四是反思教学机智，对于案例教学中出现的一些思想火花或者灵感，要及时记录。

（四）案例教学法在"纲要"课运用中的注意事项

1.注意区分案例教学与例证教学

在具体教学实践活动中，许多教师往往把案例教学与例证教学相混淆。实际上，两者存在很大区别。就目标而言，例证教学侧重于对学生进行固定结论的传授，重视识记能力与系统知识训练；而案例教学在培养学生独立思考、辩证思维、创新与解决实际问题的能力等方面具有突出优势。就师生关系而言，例证教学强调教师的主导性，忽视学生的主动性；案例教学中学生居于主要地位，而教师仅仅是引导者和评判者。就教学形式而言，例证教学沿袭"教师讲学生听"的教学模式，教师与学生之间单向交流；案例教学则以学生对案例的分析讨论为中心，是教师与学生、学生与学生之间的多向交流过程。有的学者进一步指出，例证教学的逻辑是理论先行，例证的功能在于证明既定结论而不是拓展或深化结论，因而事例组内部不能出现自相矛盾；案例教学法的逻辑是案例先行，它并不避免案例之间的矛盾，而是自觉地将一组彼此冲突或一个自身蕴含多层次矛盾的事例展现出来。

2. 正确处理好"多元观点"与"导向性"的关系

在案例教学中，一方面，要坚持开放性原则，充分发挥学生讨论的主体地位，教师不设置标准答案，为学生的思辨留下充分空间；另一方面，教师要注意"纲要"课的导向性，不能对学生的讨论放任自流。"纲要"课是党和国家对青年学生进行思想政治教育的重要渠道之一，其指导思想、理论内容以及价值取向要符合社会主义意识形态的性质及其要求。如果说其他学科案例教学鼓励学生之间产生对抗、冲突性立场和观点，以便使学生的讨论更为充分、深入，那么在"纲要"课的案例教学中，学生的讨论存在着一定的边界，即意识形态的要求。在主流意识形态范围内允许学生充分讨论，一旦学生的讨论超越意识形态的边界，教师就需要进行引导。

3. 在理论教学和案例教学之间保持必要的张力

案例教学法是一种教学手段创新，但是并非"纲要"课的每一章都可以使用案例教学，这要根据教学目标、教学内容具体而定，如上编、中编、下编的综述部分就不宜采用案例教学。一般而言，案例教学具有自主性、启发性的特点，但是在精确性和系统性方面不足。理论教学往往比较精确和系统，但是学生的自主性和启发性不够。最好的方法是将两者结合起来使用。教师还要处理好案例教学个案局限的问题，在描述案例时要尽量将案例情境中与案例问题相关的因素客观全面地展示出来，通过补充背景资料的方式让学生尽可能置身于案例的情境之中，从而恰当地做出判断和分析。

4.编制"纲要"课案例教学库，加强对教师的培训

编制案例教学库是实施案例教学的基础性工程。"纲要"课教师通过集体备课，将教学效果突出的案例进行汇总，形成教学案例手册；案例手册包括"案例展示""思考题""案例分析"等环节，要使该成果成为"纲要"课教师实施案例教学的重要依据。此外，一些案例教材也具有参考价值，如葛丽君编著的《"中国近现代史纲要"课案例式专题教学教师用书》、杨慧民编写的《高校思想政治理论课案例教学法研究》、申健主编的《高校思想政治理论课教学案例选析》（"纲要"课部分）等。要加强对"纲要"课教师案例教学能力的培训，通过设计案例培训的模式化课程、开展案例教学理论研讨、受训教师实地操作案例研讨、专家现场帮助指导等方式，从教学观念、提问方式、激励技巧、应变能力、氛围营造等方面提高教师的能力，有效避免师资水平参差不齐的现象，从而提升"纲要"课案例教学的效果。

5.开展"大班授课、小班研讨"的教学模式

对于教材中的基本理论部分和共性问题，进行集中授课；对于案例讨论课，要进行小班研讨，力求让更多学生参与其中。研讨结束以后，教师在大班授课的课堂上对整个教学活动进行点评，从而使学生了解不同的信息。此外，"纲要"课案例教学还可以使用网络平台，通过网络发布案例、研讨案例和点评，使之成为课堂案例教学的重要补充。

第五章 通过互联网技术落实立德树人根本任务

随着科技的不断发展，互联网已经成为人们生活的重要组成部分，其广泛应用为高校思想政治教育工作提供了新的载体。"纲要"课利用互联网技术进行教学活动的开展，有助于落实立德树人根本任务，是铸魂育人和实现中华民族伟大复兴的需要，也启示了受教育者、教育者和高校如何利用互联网技术完善和创新"纲要"课立德树人根本任务的实现路径。本章主要内容包括"纲要"课程教学资源库建设、"纲要"的翻转课堂教学设计以及"互联网+"视域下"纲要"课教学的改革方法。

第一节 "纲要"课程教学资源库建设

一、网络教学资源与网络资源库

（一）网络教学资源

网络教学资源主要指的是基于互联网运行的信息化教学资源。能适合计算机网络传输的特点，是网络教学资源与一般信息资源的不同之处。网络资源主要有以下几种类型。

1.学习材料

学习材料是指为教学目的而专门设计的信息化教学材料，是对学习者学习过程直接作用的客体。学习材料具体指符合一定教学目标和教学要求的经过筛选的可用于教学、促进学习的一切信息及其组织，如各种多媒体素材、简单的网络课件、网络课程等。学习材料是网络资源库系统的"血和肉"，是学生进行网络学习、实现意义建构的对象。学习材料的丰富性和对教学需求的适应性决定了网络资源系统受用户欢迎的程度。

2.支持系统

支持系统是指由各种信息传播媒体及配套运作软件组成的媒体化教学环境，它是支持学习者有效学习的内外部条件的综合。主要功能：①为教学系统的构成要素（教育者、受教育者、学习材料）提供沟通渠道；②呈现媒体教材中所包含的教学信息；③为使用者提供对媒体进行有效控制的界面。网络支持系统设计得是否合理直接影响用户获取资源的便捷性，同时也就影响到用户对资源系统的满意程度。

3.学习环境

学习环境指集成了学习材料、支持系统的网络化教学系统，它不只是指教学过程发生的地点，更重要的是指在学习者与教学材料、支持系统进行交流的过程中所形成的氛围，其最主要的特征在于交互方式以及由此带来的交流效果。学习环境的建构方法体现了教学理念的先进性。

（二）网络教学资源库

1.网络教学资源库的相关概念

网络资源库设计要素除了传统意义上的文档、图片、视频，还包括通过平台与技术手段联系起来的教师、学生、科研人员。因此，基于网络的教学资源是一个动态的、交互性的资源，它体现了一定的组织思想，具有复杂性、多变性和多样性。由于具有这些特点，网络资源库的建设与应用不仅仅是一个技术的实现过程，还是一个开放性的组织发展过程，其目的是整合教育资源，提高应用效率。

（1）资源：指系统、具有专长的人、材料与工具。

（2）资源库："库"意味着堆积、组织，意味着具有一定的数据量。从美国教育传播与技术协会对学习资源下的定义来看，学习资源和学习资源库的概念在实际运用中可以相互通用。

（3）网络教学资源：可以通过计算机网络获得并能用于教学中的各种信息资源的总和。网络教学资源具有教学内容自主化、信息形式多样化、教学过程动态化、教学方式网络化、教学对象个性化等教学特点，为学生创造性、个性化、协作性等的发挥提供了必要的物质基础。

2. 网络教学资源库的特点

网络教学资源库是网络教学系统的重要组成部分，是网络教学系统中的信息体系，是实施网络化教学的前提和基础。建设网络教学资源库的最终目的是为网络教学服务，便于教师组织网络教学材料，便于学生在网上自主地进行学习，便于教学管理人员对教学效果进行跟踪与评测。

因此，网络教学资源库应该具备科学化、标准化、结构化、动态化等特征。科学化是指教学内容要科学、准确；标准化是指要遵循一定的标准，从而保障网络教学资源的广泛共享；结构化是指资源结构要合理，从而确保网络教学资源的合理性、易用性和扩展性；动态化是指网络教学资源要不断更新与维护，保持其持久的生命力。网络教学资源与课程整合，是指在各学科教学过程中广泛应用信息技术手段，把信息技术融合在各学科的教学中。显然，要实现信息技术与课程整合，拥有各学科教学需要的教学资源就成为前提和保证。没有相关的教学资源，课程整合就是无源之水，无米之炊。而要使教学资源适合各学科教学的需要，符合现代教育思想和教学观念的要求，信息技术所创设的资源环境就必须是一个蕴涵了丰富资源的多元化和开放式的学习空间。一方面教师可以借助信息资源创设情境、引出问题，激发学生的学习热情；另一方面学生可以在教师的指导下获取、分析、处理和利用资源，以实现对知识的意义建构，从而培养他们分析问题、解决问题的能力。

3. 网络教学资源库的几个层次

从国内外各种教育资源库的组织情况来看，教育资源库有如下几个层次。

（1）国家级教育资源库。各个国家一般都有自己的国家级教育资源中心，如美国的国家教育资源库主要以搜索为主，集各地方或单位的教学资源为一体，能够有强大快捷的检索功能，供使用者快速搜索和下载。我国的国家教育资源公共服务平台已建成完成并投入使用。

（2）分类教育资源库。分类教育资源库按教育领域划分为不同的教育专业服务，如中小学教育、高等教育、特殊儿童教育、职业教育等。一般由各个协会、学会主办，或者由各学术领域的机构组织开发。例如，全国高校理工医农各计算机辅助教学协作组开发建立的教育资源库。它的资源大多专业、适用，但资源的检索和下载管理严格，大部分优质资源不能免费获取，这就给学生学习或教师使用带来很大的不便，从而阻碍了交流与发展。

（3）学校、公司、个人网站。具体某个学校或某个公司乃至个人的教育网站，其设立目标或为特定对象服务，如本校师生家长，或提供某个特定专业，如数学。这类资源库的内容相对来讲更贴近特定的用户群需要，多媒体信息丰富，也不乏珍贵资源。但作为公司开发的资源或资源库管理平台，通用性强，不一定能完全符合学校的校本需求。针对具体的一个学校而言，如想有针对性地体现学校特色，需进行二次开发。而这些平台如非专业人员，二次开发难度大，且仍可能存在资源实用性问题。

二、建设"纲要"课程网络资源库的意义

从宏观层面来看，网络资源库的建设与时代发展相适应，与国家对高校思政课的要求相吻合。2019 年，中共中央办公厅、国务院办公厅印发了《加快推进教育现代化实施方案（2018—2022）》（以下简称《方案》），提出了十项推进教育现代化的任务，其中第六项重点强调大力推进教育信息化。《方案》要求：着力构建基于信息技术的新型教育教学模式、教育服务供给方式和教育治理新模式；促进信息技术与教育教学深度融合，支持学校充分利用信息技术开展人才培养模式和教学方法改革，逐步实现信息化教与学应用师生全覆盖；创新信息时代教育治理新模式，开展大数据支撑下的教育治理能力优化行动，推动以互联网等信息化手段服务教育教学全过程；加快推进智慧教育创新发展，设立"智慧教育示范区"，开展国家虚拟仿真实验教学项目等建设，实施人工智能助推教师队伍建设行动；构建"互联网＋教育"支撑服务平台，深入推进宽带网络校校通、优质资源班班通、网络学习空间人人通，建设教育资源公共服务平台和教育管理公共服务平台的"三通两平台"建设。

从微观层面说，网络资源库的建设能够增加高校思想政治教育课程的趣味性，做到知识性、科学性、趣味性、互动性相统一。2019 年秋季，高校迎来了一批出生于 21 世纪的青年学子，这部分学生成长在"互联网＋"时代，互联网对他们影响巨大。过去"填鸭式"的教学方式已不能满足他们的学习需求，教师面临着授课内容与教学方式等的极大考验。网络时代信息良莠不齐，多样化的信息不利于培养学生的正确人生观、价值观、世界观。因此，不断改革和优

化网络资源库建设能够使网络资源库紧随时代发展的步伐,有效提升学生的学习效率,合理优化资源。

三、"纲要"课程网络资源库的构建

(一)"纲要"课程网络资源库的构建原则

1.服务于课程教学的整体目标

"纲要"课网络教学资源库必须立足于服务课程整体教学目标,而不是只着眼于课程章节内容,这是由该课程的特点和性质决定的。"纲要"课的特点有以下两点:一是内容多学时短。该课程主要讲授1840年以来中国社会发展的主要历程,涉及诸多关系历史发展的重要事件及重要人物,而课程全部学时只有48个(不少高校只有32个课堂教学学时,而16个实践教学学时难以真正到位)。所以课程教学不管是理论还是实践,都不能简单着眼于一个个具体的历史事件或人物,否则将使内容变得纷杂无序,不能有效组合材料形成课程教育的合力,网络教学资源库的建设更是这样。二是线索清晰。课程虽然内容繁多,但具有清晰的线索,那就是求得民族独立、人民解放和实现国家富强、人民共同富裕。这就使网络教学资源库易于做到围绕历史线索、立足于整体教学需求,进行条目的设计和材料的选择。同时,从课程性质上讲,"纲要"课是高校思想政治理论课的组成部分之一,这也决定了课程教学的目标不仅仅在于历史教学本身,还要更加注重学生的思想政治教育。因此,在"纲要"课网络教学资源库构建过程中,要遵循服务于课程教学整体目标的原则(即立足于加深学生对近现代中国社会发展、革命、建设及改革的进程与规律的了解,加强学生的爱国主义教育),进行组织设计,使教学目的清晰,重点突出。

2.内容形式的多样化

"纲要"课网络教学资源库建设需要以多样化的形式来呈现教学内容,这是增强课程吸引力的必由之路。随着时代的不断发展,单纯的文本阅读已经不能很好地吸引大学生的眼球,视频阅读越来越具吸引力。所以,在"纲要"课网络教学资源库建设过程中,不但要采用文本方式,而且要注重甄选具有代表性的视频,如视频讲座、影视作品等。此外,短视频越来越成为大学生钟爱的一种方式。短视频由于可以利用移动互联网,通过微信、QQ等媒介快速传播,已经成为大学生日常生活的一部分。因此,在资源库的构建过程中,立足大学生实际,以多样化的手段来呈现教学内容,是必须遵循的一条基本原则。

3.切合大学生的思想特点，注重互动交流

首先，只有立足大学生的思想特点，才能达到思想政治教育的目的。当代大学生有着鲜明的特点，如崇尚个性自由、有着用多样化的方式积极表达自我的诉求等。基于此，"纲要"课网络教学资源库需要开辟讨论专区，搭建让学生自由表达观点的平台。这是吸引学生更好利用网络教学资源库的重要条件，也是更好达到课程教学目的的重要途径。其次，要选择合适的交流媒介。随着移动互联网的迅猛发展，微信、QQ、微博、抖音等已经成为广大青年学生沟通交流的主要渠道。因此，在"纲要"课网络教学资源库构建中，需要积极利用诸如微信群、QQ群等大众化的交流媒介。这样不但适合大学生的行为特点，而且可以使课程教育的影响走出课堂，走进大学生的日常生活。

（二）"纲要"课程网络资源库的构建思路

"纲要"课程网络资源库在构建的过程中，要坚持以上基本原则，以立德树人为根本，以加强国史国情教育和爱国主义教育为核心，具体可根据学校自身情况建立模块。

1.经典阅读

此模块主要节选一些经典文章，文章按历史时期进行组合，即晚清时期、辛亥革命时期、新文化运动时期、新民主主义革命时期和新中国成立以来。文章选取的标准有以下两点：一是具有明确且典型的教育意义。文章内容要么能较好体现当时的国情，要么能激发学生的爱国主义热情，要么能对学生的学习提供某些借鉴，如梁启超的《少年中国说》、林觉民的《与妻书》、曾国藩家书中的"劝学篇"、毛泽东的著作等。二是文章内容不宜过长。晚清、民国时期的文章大部分是文言或半文言写作，且大都引章据典，如果文章篇幅过长，使学生忙于文意的解读，将不利于其对文章主题的把握及文章教育意义的发挥。此模块的文章一旦经教师精心选定，可长期应用，除非有特别需要，否则无需更新。此模块在应用过程中要做到精读和泛读相结合。教师重点选择几篇文章让学生阅读，然后由学生提交读书报告或开展读书讨论实现经典阅读的目的，其他的文章可由学生作为课外阅读的材料自行阅读。

2.以史为鉴

此模块的核心在于体现历史课程的作用，即"以史为鉴"。主要内容由近现代的历史人物专题纪录片构成。此部分是达到立德树人和爱国主义教育目的的重要载体。目前，国家和一些部门已经制作了大量关于近现代历史人物的纪录片，我们选择这些纪录片的标准有以下几点：第一，传递正能量或具有较强人格魅力的人物，如梁启超、蔡元培、毛泽东、邓小平等。对历史人物的学习是实现"以史为鉴"的重要途径，对一些充满迷茫、缺乏动力的大学生更是具有较强的影响力，因而能收到较好的效果。第二，对历史进程有重大影响却充满争议的人物，如李鸿章、袁世凯等。此部分的设置有利于培养大学生确立马克思主义唯物史观，学会用马克思辩证唯物主义的方法分析问题、解决问题。第三，有重要影响的反面人物，如汪精卫等。此部分的设置，目的在于培养学生的荣辱观，增强学生分辨是非、美丑的能力，明确行为价值尺度。此模块在应用过程中需要教师跟进指导，最好以观后交流的形式进行。

3. 热点时事

此模块中的热点时事主要指关系国家发展或国家利益的时事，旨在培养大学生养成关心、关注国家发展的良好习惯，自觉将自己的发展同国家的发展联系起来。此模块的事件选择在时间上限定为近 3 年，在内容上分为党的会议和社会发展两个部分，其中两会的内容并入党的会议部分，社会发展部分包含经济、政治、文化、社会、生态五个方面。此模块的建设不能只是简单地介绍一些事件，需要教师对事件进行加工和整理。最后呈现的是对每个事件的介绍，形式图文并茂；内容上除事件本身的介绍外，要增加背景介绍和时事点评。此模块需要日常性的维护，积极更新内容，特别是要及时增加党的重要会议及两会的重要内容。

4. 学术讲座

此模块主要是引入一些名家关于中国近现代史的专题讲座，这些讲座的引入重质量而不重数量。因为这一模块不是服务于全体学生，而是服务于一小部分对历史学感兴趣且想有更多收获的同学，所以这一模块的内容选择需要以学术性为标准，以探寻更深层次的历史规律为导向，不以知识普及为目的，不以观赏性或可读性为评判。同时，在具体的建设中，教师要用文字形式对每一讲座的内容进行归纳，形成条理性的核心意见，便于学生的学习。

5. 讨论专区

此模块主要包括两种形式，一种是在线网页的讨论板块，一种是日常性的以 QQ 群、微信群等为媒介的讨论。第一种形式主要服务于"纲要"课网络教学中需要教师组织的内容讨论。这一类型的讨论，题目由教师指定，要求每个学生都发表自己的意见，同时教师对学生意见进行汇总，掌握学生的认知程度，有目的地进行教育。第二种形式主要用于网络教学资源库中其他内容的学习讨论。这一类型的讨论，讨论问题由学生随意提出，学生凭其爱好随意参加，参与人数不受限制，但教师要给予关注，对一些有原则性错误的意见进行纠正。

第二节 "纲要"的翻转课堂教学设计

一、翻转课堂的基本认知

（一）翻转课堂的起源与发展

孟加拉裔美国人萨尔曼·可汗是翻转课堂的探索者和推广者之一。他最初是通过网络和电脑帮助落下功课的表妹补习数学，收到了比较好的效果后，他录制了教学视频并将这些视频上传到视频网站上，供大家学习使用。为提高学习者的学习效率，他又研发了新的软件，可以帮助记录学生的学习情况，并在2007年成立了"可汗学院"这一学习平台，学生们可以在这个网站上观看教学视频，咨询学习中遇到的问题。与此同时，2007年春，美国科罗拉多州落基山的林地公园高中的两名化学教师开始使用录屏软件录制PPT讲课的视频，并上传到网络，以此帮助缺席的学生补课。后来，这两位老师开始让学生在家观看教学视频，在学习课堂上完成作业，并对学生遇到的问题进行讲解，这种教学模式受到了学生的广泛欢迎。2011年，萨尔曼·可汗在TED[①]大会上发表了关于翻转课堂的演讲，引发了人们对这一学习平台的关注。2011年，翻转课堂被《环球邮报》评为影响课堂教学的重大技术变革。2008年，戴夫·科迈尔和布赖恩·亚历山大提出了大型开放式网络课程（慕课）教学平台这个概念，慕课教学平台是随翻转课堂发展起来的教学管理平台。

（二）翻转课堂的定义

美国较早实践翻转课堂教学模式的化学教师亚伦·萨姆斯认为，翻转课堂

---

① TED即"Technology，Entertainment，Design"的缩写，是美国的一家私有非营利机构，该机构以它组织的TED大会著称，这个会议的宗旨是"传播一切值得传播的创意"。

最基本的理念就是把传统课堂上直接讲授教学内容的部分移到课外完成，利用节省下的课堂时间来充分满足不同学生的学习需求。① 金陵认为，翻转课堂就是把传统的教师在课堂上传授知识、学生回家做作业的教学结构翻转成为学生在课堂上完成知识内化，在课下自主学习知识。② 宋朝霞认为翻转课堂是将传统的课堂上教学、课堂下完成作业的方式进行翻转的一种教学方式。

在国内外对翻转课堂的概念界定上，一部分学者都将翻转课堂中的线上课堂部分称作"课外学习"，将线下课堂部分称作"课上学习"。实质上，翻转课堂是线下课堂与线上课堂的综合体，无论是线上课堂的自我学习还是线下课堂的知识内化，都是课堂学习内容，都是翻转课堂的学习过程，而不应该仅仅将线上课堂归为翻转课堂的教学范围。

翻转课堂翻转了传统的课堂上教学、课堂下做作业的方式，是将教学任务中一部分比较基础和容易理解的知识放在线上课堂平台上，由学生自主学习完成；教师根据学习目标及平台统计的学生学习数据，在线下课堂中对学生进行有针对性的教学，并引导学生进行独立思考与合作探究，帮助学生获取新知识、培养学生良好学科素养的一种新型教学模式。简言之，翻转课堂就是由线上＋线下教学共同组合而成的一种新型教学模式。

教师在实施翻转课堂教学之前，首先要厘清几个方面的内容。

其一，翻转课堂的线上课堂并不要求教师时时在线解答问题，也并不是要求教师必须直播讲课。线上课堂是学生自主学习基础知识的一种课堂形式，在线上课堂中，学生的主要学习资源是平台上已经准备好的教学视频，这些教学视频可以是教师自己录制的，也可以是教师找到的一些其他教师分享的教学视频。当学生在线上课堂中遇到问题时，可以记录下来并通过教学平台反馈给教师。教师在线下课堂中会对一些普遍性、共同性问题进行集中讲解，并引导学生加深对知识的理解和内化。这样既不会打破学生学习的连贯性又能够提高教学效率，最大限度地将学习时间让位于学生的思考和探索。

其二，线上课堂不等于预习。翻转课堂中的线上课堂是课堂教学的重要组成部分，不是课外任务。而一般而言的传统课堂教学中的预习是学生的课下

---

① 王长江，胡卫平，李卫东."翻转的"课堂：技术促进的教学 [J].电化教育研究，2013，34（8）：73-78，97.

② 金陵.翻转课堂与微课程教学法 [M].北京：北京师范大学出版社，2015：14.

任务，两者是不一样的。在传统教学活动中，一些教师会为学生布置预习的任务，这些预习任务一些是要求学生完成一部分练习，一些是要求学生自学《中国近现代史纲要》教材。在传统教学中的课前预习环节，由于缺乏正确的引导，一些基础较差的学生在预习过程中会存在困难。这些学生可能会花费很长的时间去完成预习任务，但完成效果依旧不理想。这样的预习方式会在日积月累的过程中让学生产生对《中国近现代史纲要》的恐惧感和无助感，这些情绪和心理会直接影响学生在历史课堂上的学习效果，学生课上学习效率的下降又会对学生对下一课时的预习产生不利影响，长此以来，会形成一种恶性循环。这种学习方式不仅效率低下，还严重影响了学生的学习动力和积极性。

而翻转课堂的线上课堂与传统教学的课前预习存在差别，线上课堂是课堂教学必不可缺的一部分，是对线下教学的补充而不是重复。在线上课堂中学生会在教学视频的引导下进行自主学习，正确理解知识，把握学习重难点。这种学习方式减少了学生在传统课前预习中存在的盲目性，提高了学生的学习效率。

其三，单纯的网络视频教学不等于翻转课堂。近些年，随着互联网技术的普及，网络教学得到了发展，在网络视频教学发展的同时，也遇到了一些问题。有一些学校和辅导机构将一些提前录制完成的教学视频放在互联网平台上，在这些网络视频课程中，没有任何的互动环节，依旧没有改变教师主讲的角色，学生依旧是知识的被动接收者。而且在教学过程中教师与学生没有建立有效的联系，没有线下课堂中教师引导学生一起理解近现代历史、解释近现代历史的过程，学生很难实现深度学习和拓展学习。因此，这一类单纯的网络视频课程不能被称为翻转课堂。翻转课堂与单纯的网络视频课程的最大区别之一就在于翻转课堂不仅有线上视频的学习，还有线下课堂中对知识的内化。

（三）翻转课堂的理论来源

1.合作学习理论

合作学习理论认为，以往"以教师为中心"的教学互动理论仅仅关注教学互动的两种形式：师生单向互动——教师向学生传授知识；师生双向互动——师生之间交流、沟通，解决问题。真正意义上的教学互动应该是师生多向互动——教师与教师之间、教师与学生之间、学生与学生之间多边互动。翻转课堂在突出了教师与学生双向互动的重要性的同时，又将师生放在平等的关系中。教师与学生、学生与学生之间是平等的关系，在这种关系中，教师只是一个引领者的地位，而非是课堂的主讲者，更不是学习过程中的唯一主角，学生在教师的引导下搜索信息，积极研究，认真思考，探索知识，学生成为课堂的主体。

2.自主学习理论

自主学习是学生主动地、积极地进行自我提高的过程。学生的自主学习过程强调学生的自主性，即学生可以根据自己的目标和实际情况自主地选择学习内容、学习时间、学习地点。自主学习能力的提升不仅对学生的大学阶段的学习有积极作用，还有利于学生终身学习观念的树立，对学生未来的发展也有积极的促进作用。翻转课堂对学生的自主学习能力提出了极高的要求，学生在翻转课堂实施过程中可以锻炼自己的自制力和自主学习能力。学生自主学习能力提升后，就可以进一步推进翻转课堂的实施，提高学生自身的学习效率，让学生的学习更有针对性，促进学生的个性化成长。

3.掌握学习理论

掌握学习理论的根本目的是转变人们对教育的传统观念，弱化教育在甄别与选拔方面的作用，强化教育促进个体全面发展与个性化发展方面的功能。在日常教学过程中，学生基础知识和理解能力差别较大，传统课堂教学模式没有办法保证让每一个学生都能高质量地按时完成教师布置的学习任务。在翻转课堂上，听不懂的地方学生可以选择反复观看，并且请教老师，直到学会为止。从这个角度看，实施翻转课堂对实施面向全体学生的素质教育、促进学生的全面发展有着积极的推动作用。

4.传播学相关理论

从传播学角度看，信息传播需要传播者和受传者两个主要要素，从一定意义上看，教育也是一个信息传播的过程。在传统的教学模式下，教师是传播者的角色，学生是受传者的角色，这种关系会阻碍师生之间的信息传播。翻转课堂打破了这种单向的信息传播模式，让教师与学生之间实现了双向传播，教师和学生既是信息传播过程中的传播者又是受传者，学生可以接收到教师的知识，教师也可以接收到学生自主学习的反馈信息，师生之间的信息能够得到有效传播，从而实现了有效沟通。

沉默的螺旋理论认为当大多数人持某一看法时，有不同看法的少数人会选择沉默。在传统近现代历史教学中这种现象普遍存在，在讨论某些问题时，当大多数同学持有某种相似的看法时，持不同看法的同学会选择沉默，这会严重影响学生在课堂上的质疑精神和探究精神，而且唯物辩证法要求我们要用一分为二的观点去评价人与事，只有一种声音的历史课堂是有欠缺的。翻转课堂为学生的探究活动提供了更大的空间，甚至要求学生有不同的观点，并为持有不同观点的学生提供交流的平台。这在一定程度上避免了沉默的螺旋理论的影响，有利于学生各抒己见，充分表达自己的意见，从而促进学生的个性化发展。

新媒体时代下，信息来源和渠道的多样化为教学提供了丰富的教学资源。传统教学资源主要来源于课本和教师课上提供的有限史料，学生能获取的教学资源比较有限。但是随着新媒体和信息技术的发展，学生获取到的学习资源更加立体和丰富，这在一定程度上克服了传统教学活动中教学信息资源单调的弊端。无论是图片、文字还是视频都成为了学生获取教育信息的传播载体，信息载体的多样化能够刺激学生的多种感官，提高教育信息的传播效果，让学生更易于接受，提高学生的学习效率。富有时代感和吸引力的教育信息通过新媒体方式传播给学生，能够增强学生学习的生动性和互动性，激发学生学习的热情。传播学创始人威尔伯·施拉姆曾指出："当人们越来越渴求知识的时候，教科书使举办大规模的公共教育成为可能。"[1]随着社会的进步，教育的方式不断发生变化，互联网和电子信息技术的发展为实施更大规模的教育提供了可能。翻转课堂突破了信息传播的物理限制，为教育信息的共享提供了条件，有利于实现优质教育资源的共享。

二、"纲要"课实施翻转课堂的可能性和必要性

翻转课堂也叫颠倒课堂、翻转学习。这种教学方式于2011年传入我国并逐渐兴起。它是指学生利用网络平台和教学视频，在课堂以外的时间观看教学视频，完成基本知识的学习，同时教学视频能够引导学生思考；然后在课堂上就学生思考的普遍性、共同性问题，学生之间以及学生和老师之间进行互动交流和探讨。翻转课堂强调的是师生间的互动性。老师讲学生听的传统课堂被课内学生讲解、讨论等自主参与活动所代替，学生拥有了充分的课堂学习主动权，老师更多时候是引导者的角色，改变了以往传统教学"灌输式""强制性"的学习模式。

---

[1]　威尔伯·施拉姆，威廉·波特.传播学概论[M].陈亮,周立方,李启,译.北京:新华出版社,1984:18.

对于"纲要"课来说，首先实行翻转课堂这种教学模式是可能的，主要体现在以下几点：第一，教学资源丰富。"纲要"课讲述的是中国沦为半殖民地半封建社会后中国人民为实现中华民族独立解放和伟大复兴而不懈奋斗的历史。这段历史跨越三个世纪，留下来的文献史料、历史遗迹、影视资料等内容多，涵盖广，这也就为学生的自主学习提供了丰富的资源知识库。第二，载体形式多样。"纲要"课的"翻转课堂"完全可以运用多种载体进行课程教学，而不必拘泥于文字和课堂本身。针对学习内容，教师可以利用网络教学平台、QQ、微信等新型媒介，选择音频、视频、慕课等进行线上教学；或者进行现场教学，如带领学生参观革命纪念馆、红色教育基地，或者鼓励学生表演历史情景剧，等等。第三，学习空间多维。翻转课堂教学模式下，学生自主学习，自行选择和决定学习的时间、地点。学习的空间从传统的教室延伸到通过技术工具就可以获得知识的任何时间和地点，拓展了课堂的场域。

当前"纲要"课的教学困境同时也佐证着实施翻转课堂是有必要的，主要体现在以下几点：第一，有利于调动学生积极性，激发学生潜能和兴趣。"纲要"课程基于课程本身的困境，学生逃课率较高，听课率较低，学生上课玩手机、看课外书、写专业课作业现象十分普遍，一个学期下来，学生收获寥寥。开展翻转课堂能够使学生角色发生转变，从传统课堂上被动的接受者转变为主动的参与者。学生就能够在兴趣的激发下，积极地参与学习，参与讨论，充分发挥学习的主体性，从而有效降低逃课率，提高听课率。第二，有利于提高教学实效性。传统的单一教学形式，不能很好解决学生教育背景不同带来的教学效果的差异。很多理工科、艺术类学生文史哲知识基础差，学习兴趣低，而文科学生相对较好。开展翻转课堂后，学生可以根据自己的情况提前进行视频学习。基础差的学生可以就有疑问的地方反复学习，基础好的学生可以跳过掌握了的知识，集中攻克自己不会的知识点，然后就各自的问题在课堂上进行讨论交流，这样有的放矢的学习能够极大地提高教学效果，同时改善课堂教学气氛。

三、"纲要"课翻转课堂教学设计

（一）翻转课堂教学设计的基本原则

翻转课堂作为一种新型的教学模式，其核心是个性化学习，本质是知识传授与知识内化过程颠倒，具有教学主体多元、动态、协商，教学资源集成、全面、共享，教学载体创新、高效、立体，教学过程自主、灵活、可控的特征。

因此，在进行翻转课堂教学设计时既要考虑课程的特点，又要遵循一定的原则，这样才能使课堂实施效果切实有效。

1.紧扣中国近现代史的主题和主线

中国近现代史，就其本质和主流来说，是一部中国人民为实现中华民族独立、解放和伟大复兴而不懈奋斗的历史。鸦片战争后，中国逐步沦为半殖民地半封建社会，遭受到西方资本—帝国主义的侵略和压迫。救亡图存成为中华民族迫在眉睫的历史使命。争取民族独立、人民解放，实现国家富强、人民共同富裕成为中国人民必须完成的两大历史任务。实现中华民族伟大复兴成为中华民族近代以来的伟大梦想。在进行翻转课堂教学设计时，要坚持马克思主义的历史观和方法论，所选择的内容必须紧扣中国近现代史的主题和主线。

2.强调以学生为中心

学生是翻转课堂学习活动的执行者。学生参与活动的角色、学习方式、课堂互动等方面的问题直接影响到他们的学习过程和学习效果。因此，教师在进行翻转课堂的教学设计时，必须重视学生的差异性和个体发展的非均衡性——课前依据学生的学习需求，设计制作与教学主题相关的视频、课件、探究协作任务等学习资源；课中考虑学生的认知水平，有效设计课堂讨论，实现以学生为中心的个性化学习；课后针对学生的学习状况、各阶段的总结反思，开展多元化评价，使学生逐渐完善内化知识。

3.教师角色的转变，更注重协作探究

在进行翻转课堂教学设计时，还需要注意教师角色的转变。和传统教学不同，翻转课堂教学模式中的教师在整个教学过程中主要起到的是引导、监督和协调的作用，更加注重的是学生之间及师生之间的协作探究。因此，在翻转课堂教学设计中的课前、课中、课后三个阶段要明确教师和学生的具体行为、活动，细节安排要比较详尽，通过设计丰富的学习活动，使学生的主体性得到充分发挥，进而有效提升学生的学习兴趣和学习效果。

（二）"纲要"课翻转课堂教学设计

自翻转课堂传入中国以来，许多高校教师都开始了摸索与实践。在遵循以上原则的基础上，笔者以《中国近现代史纲要》第四章第一节"新文化运动"为例，进行翻转课堂的教学设计。

"新文化运动"是"纲要"课程的重点内容之一，在整个课程教学中具有承前启后的作用。"新文化运动"既是资产阶级领导的旧民主主义革命的补课，又是无产阶级领导的新民主主义革命的序曲，掌握这部分内容能为学生理解马克思主义为什么会在中国传播及五四运动等内容奠定基础。教师要引导学生从历史背景出发，联系具体内容，客观分析新文化运动的作用与影响，从而提高学生对于历史事物的鉴别、理解和分析能力。要让学生知道历史的进步并不是直线式的，经常会有曲折，甚至还会出现倒退的现象；让学生懂得那些为国家富强和民族进步做出巨大贡献的人都具有敏锐的眼光和非凡的勇气，尽管有这样和那样的缺陷与不足，但他们是值得尊敬的。

1. 课前：信息的传递与交流

课前教师需要为不同基础的学习者准备教学微视频（音频）、课件和教案、相关的专题学习网站等类型的素材，提前三周上传至学校网络教学综合平台，方便学生们在线学习或下载观看。其中，微视频的制作是资源准备中的核心内容。根据每节课的课堂目标，为学习者准备 1～3 个微视频，每一个微视频只介绍一两个知识点或案例。同时，根据课程需要设计相关讨论问题，上传至网络综合教学平台讨论区，供学生讨论交流。对于"新文化运动"，教师会设置一些问题供学生在线讨论：①新文化运动所批判的并不是整个中国的传统文化，而是旧礼教，为什么？②新文化运动到底是"打孔家店"还是"打倒孔家店"？③新文化运动时猛烈抨击旧道德、旧文化，而现在我们却要大力弘扬传统文化。你认为两者矛盾吗？为什么？在线学习完成后，填写课前学习单。学习单一般包括五个方面问题的设计，即让学生回答"我知道什么？""我想学什么？""我发现了什么问题？""我已经学会了什么？""我是如何学会的？"等五个问题。教师需密切关注线上学生的学习动态，对于学生在线上的讨论给予及时的回复和正确的引导，对做得好的学生要及时给予表扬；对于拖延上线预习的学生，要通过信息技术手段不断对其进行督促，以保证他们按时完成课前知识预习。待学生线上自学完毕后，统计学生学习单上反馈的问题，及时了解学生的自学情况。

而对学生而言，要充分了解教师安排的任务，根据学习任务和自身特点选择合适的学习内容，参与讨论区发布的问题讨论。学有余力和兴趣浓厚的学生亦可浏览其他扩展学习资源，完成教师设计的课前练习，并根据完成情况总结自己学到的知识以及存在的问题，通过交流平台向教师反馈问题。最后，通过前三个环节的活动，回答教师在学习单中提出的问题，并反馈给教师。这种方式最大的好处就是实现了个性化学习，学生可以根据自己的情况选择资源和自定学习时间，真正成为学习的主体。

2.课中：知识的内化与吸收

在微课的辅助下，翻转课堂的课下学习活动设计也是非常重要的。对此，笔者认为翻转课堂教学模式的核心活动应该是对学生与环境交互过程的完全关注，而不仅仅关注"为了完成特定学习目标而进行的操作总和"。这就要求教师在课上引导学生实现对课外阶段知识的高效内化，并根据学生课堂的表现和反馈进行动态化的完善。

（1）教学活动的组织和指导。首先，教师在上课前两个星期根据学生对问题的选择将学生进行分组，一般小组规模不能太大，控制在6人以内，每组选出一个小组长对小组中成员进行任务分工，明确小组任务、相互支持和配合并能对活动成效进行评价。各小组成员可围绕网络平台上提供的主题，结合自己的兴趣、爱好进行主题的选定、分组，在选题过程中，若遇到困惑可在课下与任课教师进行沟通、交流，听取教师建议。小组长对各组人员进行任务分配，小组成员分别承担查阅资料、制作PPT及上台汇报演示等任务。学生经过独立探索、协作学习之后，完成个人或者小组的成果集锦。其次，教师组织学生进行协作探究、自主探究和成果汇报。学生需要在课堂上进行汇报、交流学习体验。成果交流的形式可多种多样，如开展课堂分组讨论、辩论赛、PPT作品展示等。展示和讨论以班级为单位，由任课教师和助教分别组织。最后，由小组长加以总结，教师、助教进行点评。

（2）教师针对学生在课外自主学习中提出和反馈总结的重点、难点问题进行专门解答。为使学生能更深入地实现知识的内化，课堂上教师应对学生在进行协作学习、自主探究或成果交流过程中容易出现混淆的重点、难点、疑点问题，着重给予指导和梳理。

3.课后：综合评价和反馈

学生把课程探究的问题与学习心得以学习单的形式向教师反馈，并对自己的学习效果和小组的学习成效进行自评与他评。教师对学生记忆理解阶段以及应用分析阶段的成果给予评价，要突出强调评价形式多元化和评价目标发展性的特点。最后通过发放问卷调查对翻转课堂教学效果进行评价总结。

可以说，在翻转课堂教学模式下，学生真正实现了自我掌握学习进度，使教师从课堂上大量讲授基础知识的困境中解脱了出来，能给学习者提供更多的时间进行展示，学生很好地实现了自主学习、合作学习、探究学习。

（三）"纲要"课翻转课堂教学设计的特点

本着以学生为中心的思想，进行翻转课堂的教学设计，目的是转变学生的学习方式，培养学生主动学习、自主学习的能力，激发学生学习中国近现代史的热情和探究欲望，让学生体验思维碰撞带来的快乐，真正成为学习的主人。基于网络教学平台进行的翻转课堂的教学设计具有以下三方面的特点。

1.教学设计凸显理解和分析能力的培养，遵循了"纲要"课程的基本理念

"纲要"课属于大学生思想政治理论课课程体系，它的主要任务不是简单地传授相关历史的基本知识或专业知识，而是以历史知识为载体，使学生进一步加深对近现代中国国情和社会主义发展规律的理解和认识，引导学生从历史背景出发，联系具体内容，客观分析其作用与影响，从而提高学生对于历史事物的鉴别、理解和分析能力。然而，在实际教学中，大部分学生往往只是被动地接受教师传授的历史知识，而对于某一个历史事件的发生、发展所蕴含的内在原因、规律却不得而知。因此，在翻转课堂中的微课设计中，教师不能停留在单纯历史知识的讲解或一般历史过程的叙述上，而应注重将科学历史观与方法论的传授贯穿教学的全过程。同时，在教学过程中为了更直观、形象地突出重点，可在线上通过设置带有探究性的问题，创设问题情境，引导学生进行讨论，并在课堂上对问题进行分组总结汇报，这样不仅能够提升学生分析问题的思维能力，还能够提升学生语言表达和思辨的能力。

2.技术的融入丰富了课堂活动，提升了"纲要"课的层次和境界

"纲要"是以近代以来中国人民争取民族独立、人民解放和实现国家富强、人民共同富裕为主线，主要讲授中国近代以来抵御外来侵略、争取民族独立、推翻反动统治、实现人民解放的历史，帮助学生了解国史、国情，深刻领会历史和人民是怎样选择了马克思主义，选择了中国共产党，选择了社会主义道路，选择了改革开放。在特定的课堂情境中，在师生情感的互动与交流中产生出思维碰撞的火花，进而达到思想的引领，应是思想政治理论课所应到达的一个层次和境界。因此，翻转课堂在最初是被思政课教师质疑的。然而，随着微课、微助教、微信等技术因素的融入，教师利用微课在课前就解决一些重要且难懂的知识点成为可能，课上的时间就能够解放出来用以解决学生学习中遇到的各种困惑。课堂活动更丰富、充分，在一定程度上激发了学生浓厚的学习兴趣和课堂参与意识，有利于学生历史批判性思维的形成和培养。

3.实现了时间利用率最大化，可作为现行教学方式的补充

"纲要"主要讲授 1840 年以来中国 180 多年的历史，具有时间跨度长、知识内容庞杂、课时少的特点。以前在传统课堂上基础知识的讲授就要占整个授课时间的绝大部分，想要在课堂上将每一个重点讲到、点到、讲透是很难的。而翻转课堂教学模式引入后，课前微视频、PPT 的自主学习使学生提前对很多基础知识点有了一定的认知。有线上学习为前提，课堂可利用的时间就变长了，空间变大了。到了课堂上教师就可以根据学生线上学习的重点、难点、疑点问题进行有针对性的梳理和讲解，实现时间利用率的最大化。翻转课堂可作为现行教学方式的补充。

翻转课堂作为当下许多高校不断尝试的一种新的教学模式，它的出现一定程度上弥补了传统教学模式的缺失，取得了一定的教学效果。一方面，灵活的教学方式提升了学生对"纲要"课程内容的学习兴趣；另一方面，师生、生生的交流形成思想碰撞，拓展了学生的历史思维，深化了学生对中国近现代史的认识。不可否认的是，翻转课堂在"纲要"课程应用的过程中，仍存在一定的问题需要我们反思，如课前学习虽然得到大部分学生的响应，但仍有少部分学生没有认真参与到学习中；而课中的讨论和交流展示也有个别学生没有真正参与，一些学生的交流展示也不够充分。期望以后的思政课教学改革能够不断加强和完善翻转课堂教学的效果。

第三节　"互联网 +"视域下"纲要"课教学的改革方法

一、"互联网 +"的概念与特征

（一）"互联网 +"概念

在互联网快速发展的背景下，"互联网 +"已经成为一种新业态，同时也是知识创新 2.0 在互联网社会的新形态。对于"互联网 +"本身而言，其不仅仅是互联网思维的演变成果，还是经济形态的实践发展，是经济实体的动力来源，为发展、创新、改革提供了较好的发展平台。一般而言，"互联网 +"主

要是指传统行业与互联网的结合，但并不是指将两者简单直接进行相加，而是以互联网平台、信息技术为基础，将现代科技与传统行业进行合理结合，从而产生新的发展模式。作为行业新形态，"互联网+"不仅能使社会资源与互联网在结合的过程中得到较好的优化，还能将创新成果与行业、经济进行有效结合，使生产能力、创新能力得到有效提升的同时，也能使互联网技术得到相应的发展。

"互联网+"代表着一种新的经济形态，它指的是依托互联网信息技术实现互联网与传统产业的联合，以优化生产要素、更新业务体系、重构商业模式等途径来完成经济转型和升级。"互联网+"计划的目的在于充分发挥互联网的优势，将互联网与传统产业深入融合，以产业升级提升经济生产力，最后实现社会财富的增加。

"互联网+"概念的中心词是互联网，它是"互联网+"计划的出发点。"互联网+"计划具体可分为两个层次的内容来表述。一方面，可以将"互联网+"概念中的文字"互联网"与符号"+"分开理解。符号"+"意为加号，即代表着添加与联合。这表明了"互联网+"计划的应用范围为互联网与其他传统产业，它是针对不同产业间发展的一项新计划，应用手段则是通过互联网与传统产业进行联合和深入融合的方式进行。另一方面，"互联网+"作为一个整体概念，其深层意义是传统产业通过互联网化完成产业升级。互联网试图通过开放、平等、互动等网络特性在传统产业的运用，通过大数据的分析与整合，理清供求关系，通过改造传统产业的生产方式、产业结构等内容，来增强经济发展动力，提升效益，从而促进国民经济健康有序发展。

（二）"互联网+"特征

整体而言，"互联网+"具有六个方面的特征。

1.跨界融合

"+"作为开放、变革、跨界的基础，往往能够使不同行业有效融合。同时也只有跨界，才能获得更加坚实的基础。而融合协同作为群体智能技术，与产业化研发的垂直性也存在联系。除此之外，其也涉及身份融合。

2.创新驱动

原有的粗放资源驱动模式难以获得持续性发展，而采用与互联网相结合的方式，不仅可以转换以往的自我革命思维，还能获得创新力量。

3.重塑结构

信息革命、全球化、互联网业已打破了原有的社会结构、经济结构、地缘结构、文化结构，权力、议事规则、话语权在不断发生变化。

4.尊重人性

在社会、经济、科技、文化不断发展的背景下，人性成为发展的主要推动力，而对于互联网本身而言，其在人性的体验性、创造性、尊重性方面给予了极大的关注，如分享经济、卷入式营销、用户原创内容等。

5.开放生态

在"互联网＋"发展模式下，生态的开放性具有极其重要的影响力，而在互联网发展过程中，"互联网＋"能够对以往的创新环节进行调整，把过去制约创新的环节化解掉，突破各种孤岛，为人性提供相应的市场驱动，使创业者能够拥有实现价值的机会。

6.连接一切

"连接一切"是互联网思维的一个重要体现。互联网实现了人与人、人与媒体、人与信息、人与商品等的更快更便捷的连接。

二、"互联网＋"对"纲要"课教学改革产生的影响

随着互联网的普及，它在方便人们生产和生活的同时，对教育领域也产生了很大的影响。在互联网快速普及的过程中，"互联网＋"的理念逐渐被人们重视，这是互联网思维进步的结果。互联网在不断的发展、创新与改革中，逐渐与各个领域相融合。互联网与各个领域的融合使互联网在社会资源配置中的优秀集成作用日益显现。"互联网＋"的中心依然离不开互联网，如果将互动、开放等特有的网络性质运用到"纲要"的传统教学模式中，教学改革就能够得到更加高效的教学成果。要确保教学改革的可行性。这对纲要教学来说会带来许多新的机遇和挑战，会促进教学方式的改革。

（一）"互联网＋"拓展了"纲要"课教学渠道

传统教学方式中，"纲要"课教学模式较为单一，在知识传授方面有着很强的不平等性。传统"纲要"课教学大多采取大课堂的教学方式，教师掌握着教学主动权，学生往往处于被动地位，导致师生缺乏充分、有效的交流。教育以教师为主体，以理论教学为课堂主要模式，这种教学模式较为单一，加上课时限制，不能达到很好的教学效果。但互联网的出现让"纲要"课教学有了更

多教学渠道和教学模式可以选择。互联网拥有强大的数据整合功能，能够将以往分散的教育数据集中，在教师和学生面前呈现一个系统的教学知识体系。这要求教师离开课本的限制，主动融合到网络环境中，利用在线聊天软件等新型媒体渠道与学生随时进行在线沟通。平等师生关系的建立能够增强学生学习的主动性。互联网能够让教学向着多元化、立体化方向发展，从以往的静态教学变成动态教学，有效提升教学效果。在"纲要"教学中，为了适应互联网带来的影响，同样需要对学生学习方法进行改革。在以往教学模式中，学生主要将课本教材、图书馆资料等作为知识了解的渠道，这种枯燥的学习方式让学生失去了对学习的主动性与积极性。随着互联网的普及，网络已经成为学生生活中不可或缺的一部分。网络对于学生的学习、生活都产生了很大的影响，因此微课、慕课等新型教学形式开始出现。

（二）"互联网+"顺应了"纲要"课教学改革潮流

"纲要"课自开设以来，历经多次改革，这些改革大多都围绕着教学理念、教学方法、教学内容进行，核心目的是提升教学效果。在"互联网+"背景下，"纲要"课教学改革需要以传统教学方法为基础进行创新思维教育。传统的"纲要"课教学方法已经不能满足学生的学习需求，为了让学习方法更好地顺应时代变化，需要在教学过程中将以教育者为中心的教学模式向着以学习者为中心的方向进行转变，通过新型教学方式来促进学生全面发展。要真正实现新型教学改革，需要教师掌握一定的互联网技术，并将相关技术熟练地运用到实际课堂中，帮助"纲要"课教学改革打下良好的基础。在此基础上，教师需要对自身定位有一个新的认知，从以往的知识传授者变为学生能力培养者，帮助学生解决问题的同时帮助学生培养能力。"纲要"课教学改革需要更加贴近学生生活，让学生对知识理解更加透彻。将理论知识与实际相结合，帮助学生更好地掌握所学知识。互联网作为学生学习与生活中必不可少的一部分，能够提高学生学习的主动性，帮助学生与教师之间更好交流。

（三）"互联网+"改变了"纲要"课教学主流意识形态

互联网以其开放性、便利性为"纲要"课教学改革提供了良好的机遇，但是在学生科学历史观的培养和学生意识形态建设两个方面也是一个巨大的挑战。"纲要"课作为马克思主义理论研究的重点课程，对高校学生的意识建设有着非常重大的意义。但是，随着互联网的普及，网络上海量庞杂的内容也给高校意识形态建设带来了一定程度的挑战。互联网兴起于西方国家，随着全球经济的不断发展，西方国家通过互联网在全世界灌输自己的价值观。英国学者就坦白："互联网是西方价值观出口到全世界的终端工具。"① 西方价值观的不断宣扬对我国思想文化不可避免会造成冲击。我国大学生在网民中占据很大比例，学生利用互联网能够接收到各类不同的信息。另外，网络的虚拟性使网络信息在监管上存在很大难度，导致网络中所传播信息内容纷杂、良莠不齐，网络谣言与网络暴力等违法现象也时常出现。一些不法分子就会利用这点发布诋毁社会主义与马克思主义的观点言论，同时宣扬自己的价值观。我国正处于社会转型阶段，一些民生问题还未得到很好解决，这些关系到学生切身利益的问题很容易让学生对社会主义制度与意识形态产生怀疑。

三、"互联网＋"视域下"纲要"课教学的改革

（一）"互联网＋"视域下"纲要"课教学改革思路

高校的"纲要"课教学面对互联网带来的机遇和挑战，应当采用趋利避害的方式，利用互联网带来的便利，解决实际教学中遇到的困难，创造出一个更加符合发展需要的教学模式。

1.创新"纲要"课教学方法

2016 年 12 月，习近平总书记在全国高校思想政治工作会议中指出："思想政治理论课要坚持在改进中加强，提升思想政治教育亲和力和针对性，满足学生成长发展需求和期待。""纲要"课作为思想政治理论课程的重要组成部分，其教学宗旨在于培养学生和服务学生。在"纲要"课教学进行创新的过程中，教师需要坚持以人为本的教学服务理念，服务学生和培养学生，提高学生在学习过程中的满足感与获得感。在将这种教学理念运用到实际教学中，结合互联网技术，对"纲要"课教育内容和教学方法进行改革。教师要熟练掌握教材内容，将课本知识与实际相结合，将社会热点问题与教材相结合，让学生更好理解教材内容。在教学过程中，教师应多采取互动式教学方式，增加学生与教师之间的交流，达到更好的教学效果。例如，教师在讲解红军长征部分内容时，可以让学生先根据教材内容进行相关资料、信息的收集，教师通过利用互联网制作关于红军长征的三维动画、绘制红军长征路线图等方式，让学生对红军长

---

① 安德鲁·查德威克.互联网政治学：国家、公民与新传播技术 [M].任孟山，译.北京：华夏出版社，2010：34.

征内容更加深入了解，更加深刻体会到红军长征精神的重要内涵。以学生深入了解为基础，增加学生学习兴趣，避免以往"纲要"教学内容简单重复的问题，能够让学生更有成就感。

除了互动式教学方法，"纲要"课教师还可以根据教学对象、教学内容等的不同而灵活采用第五章论述过的专题教学法、互动教学法、情境教学法、案例教学法，以更好地落实立德树人根本任务。

2. 建立"纲要"课教学网络机制

在实践过程中，"互联网+"视域下高校"纲要"课的教学改革不仅需要教师在以往教学基础上进行大胆创新，还需要学校相关部门不断总结教学改革中的经验，逐渐制定出一个相对完善的教学体系，帮助"互联网+"视域下"纲要"课教学能够更加规范化，为教学改革提供保障。在"纲要"课教学机制建立过程中，需要实行网络队伍管理机制，使教学不再被传统教学模式和部门限制，让学校教师组成一个思想素质过硬的网络课程队伍。加强队伍人员培训，在不断实践中对教学方法进行创新，充分发挥团队中骨干人员的作用，在实践中找到一个最合适的创新方法，提高整体网络教育水平。在团队不断实践过程中，时刻对教学成果进行反馈。想要拥有更好的实践效果，在教学改革过程中就需要及时了解学生意见。通过对学生定期调查，在信息数据整理过程中，及时找出改革中存在的问题，提出现实的解决方法。在"纲要"教学改革过程中，以学生为基础，建立一个健全的网络机制，真正实现教学体制的转变。通过校园网络防火墙的设立，建立一个安全的网络保障机制，帮助学生过滤掉不良信息，对校园网络进行实时监督，引导学生文明上网，塑造文明的校园网络环境。

3. 营造良好的网络育人环境

在"纲要"课教学改革中，要充分运用互联网优势，在教学中进行创新，在高校教育中营造出一种锐意创新、思维活跃的良好氛围。在教学改革中，可以尝试建立"纲要"慕课平台。利用慕课的灵活性、互动性、开放性等特点，在传统课程理论知识讲解的过程中，加入影像资料等学生比较感兴趣的内容。这种课程方式能够增加学生学习的主动性，实现师生在线交流，突破学生学习过程中时间与空间的限制。学生能够在网上随时在线学习课堂内容，实现"纲要"课教学的灵活化。教师熟练地掌握微博、微信等新媒体软件的应用，能够帮助课堂开创出教育新阵地。例如，开设网络讨论组和论坛，鼓励学生对课堂内容、知识提出自己的看法，在对学生观点进行鼓励和纠正的过程中，提高学生分析历史问题的能力；教师在线上定期发布正能量资讯，在重大历史事件纪念日向学生讲解相关历史事件，也可以从当地相关的历史人物、事件、故事等入手，增加学生学习"纲要"的兴趣。通过传播正能量红色文化，培养学生正确的价值观，提高学生网络素养。构建一个积极向上的校园文化，在巩固高校现有意识形式的同时，提高"纲要"课的影响力。

（二）"互联网＋"视域下"纲要"课教学模式构建

"互联网＋"视域下"纲要"课教学新模式层出不穷，如微课、慕课、翻转课堂都是最新的发展态势。"纲要"课程在初高中开设过，并且教师是按传统的教育理念教学，教学方式以教师、教材为主导，忽视学生主体性，从而出现了"教师不愿意教、学生不愿意学"的尴尬处境。而"互联网＋"视域下"纲要"课教学新模式以学生为主体，以学生为中心，让学生按照自己喜欢的方式学习"纲要"，激发学生的学习兴趣，从而能够达到教学的目的。

1."纲要"课程微课

为"纲要"课程制作微课：挑选一定的经典案例故事和人物及相应的知识点，每章制作30个左右的微课视频，每个微课视频大约在10分钟以内，总数大概200个。将这种微课视频资源上传到网上后，学生在教师上课前就可以自由选择学习时间和地点随时随地学习。

2."纲要"慕课

"纲要"慕课是指进行大规模在线开放课程，教师与学生交流学习，配以一定习题供学生巩固和检测。它最大的优点是没有学生人数限制，可以重复学习，既方便了学生，又能缓解教师繁重的教学任务。"纲要"慕课支持学生自由支配学习时间，可以随时随地学习。"纲要"慕课不仅可以供在校的学生无限制地学习，还可以支持校外甚至在职人员学习。"纲要"慕课不仅可以帮助在校大学生学习中国近现代史知识，还可以支持其他人学习，可以让外国人了解中国近现代史，有利于促进"学到老，活到老"学习型社会的建立，是全球化学习发展的趋势。目前，在学生智能手机普及的背景下，慕课的发展对教育改革具有革命性作用。然而，慕课要取代传统教学，必须具备一定条件：首先，教师的传统教育理念必须打破；其次，需要对"纲要"教师进行教育技术方面的培训，优化教师在网页制作、计算机操作、视频剪裁等互联网方面的技术工作。学校在"纲要"慕课建设方面需要一支既懂教育技术又懂教育教学的优秀团队,需要邀请跨界、跨校的团队共同完成。

3."纲要"课翻转课堂

翻转课堂是基于"互联网+"的一种新型教学方式,是将互联网运用于教学过程的具体表现。它由过去"教师主宰课堂"变为"学生主宰课堂",使教师和学生的角色发生了根本性的变化。翻转课堂建立在"互联网+"的基础上,"互联网+"是翻转课堂实现的前提条件。翻转课堂教学能顺利完成,除了需要教师制作相应教学内容的资源系统,还需要教学活动、教学管理、教学分析评价方面相应的网上资源系统。上课前,学生完成教师布置的学习任务,然后由学生个人或团队对某个专题进行讲解,最后教师和学生针对学生的讲解一起分析、讨论,共同完成传统由教师单方面完成的教学任务。翻转课堂是把"教师为主体"转变为"学生为主体"的学习过程。

(三)"互联网+"视域下"纲要"课的具体教学设计

根据"纲要"课特征,"纲要"课程教学应该分为3个方面:"纲要"内容划分、"纲要"具体教学过程处理、"纲要"考试处理。

1."纲要"内容划分

根据"纲要"课程特点,可以把"纲要"划分为"经典案例故事""历史背景""人物"及"与时代联系比较紧密的知识点""传统文化方面知识点"等5个部分,各部分的知识模块都是学生必须学习的,它们是相对独立又相互联系的内容。

2."纲要"具体教学过程处理

"纲要"课教学过程部分需要将原有模块内容再细分为若干知识点,方便"纲要"课程资源建设。例如,"纲要"课程"经典案例故事"部分有虎门销烟、鸦片战争、火烧赵家楼、四渡赤水等;"人物"部分有林则徐、洪秀全、康有为、李鸿章、孙中山、李大钊、毛泽东等;"历史背景"部分有洋务运动背景、太平天国背景、维新运动背景、辛亥革命背景、五四运动北京等模块。这些模块能够方便教师把知识点制成10分钟左右的相应微课视频和其他课程资源,学生可按需自主学习、交流互动和考评测试。

3."纲要"考试处理

当学生把教学内容学习完后,运用测试系统对学生进行考核测评。传统测试方式是以期末考试成绩加平时成绩综合给分,按一定比例得出期末总成绩,但因为考试部分是一次性完成的,所以部分学生舞弊现象比较严重。而"互联网+"视域下的"纲要"课评价是把各部分知识点的考核成绩，按一定比例计算得到学生课程的总成绩。这种课程考核能使学生及时掌握各个学习环节的情况，适时调整学习方式和方法，减轻期末一次性考试定成绩的压力，对于学生成绩的评价更合理科学。

第六章　通过实践活动落实立德树人根本任务

　　课程实践是立德树人的有效途径。"纲要"课落实立德树人根本任务的途径探索过程是具体教学活动的复杂过程，它取决于理论和实践的有机结合。在"纲要"课教学中，要在实践育人精神及理念的指导下，健全科学合理的实践育人机制，从而更好地落实立德树人根本任务。本章主要内容包括"纲要"课实践教学的内涵与意义、"纲要"课实践教学的常用形式以及实践性地方历史教学资源在"纲要"课教学中的应用。

第一节　"纲要"课实践教学的内涵与意义

　　实践教学与理论教学是一组相对的概念，近些年被高度重视。关于实践教学的重要性，教育部近年来下发的一系列文件中都有所体现。2012年，教育部、中宣部等中央七部门联合发布《教育部等部门关于进一步加强高校实践育人工作的若干意见》，指出："实践教学是学校教学工作的重要组成部分，是深化课堂教学的重要环节，是学生获取、掌握知识的重要途径。"要求各高校要强化实践教学环节。2018年4月，教育部印发《新时代高校思想政治理论课教学工作基本要求》，强调实践教学是课堂教学的延伸拓展："要制定实践教学大纲，整合实践教学资源，拓展实践教学形式，注重实践教学效果。"作为对大学生进行综合素质培养的主要渠道和主阵地之一，实践教学已经得到越来越多人的认同。因而，准确把握实践教学的概念，深入理解实践教学的内涵，是大学生走好实践成才之路的起点。"纲要"课实践教学是对大学生进行爱国主义教育的主要渠道，是高校"纲要"课教学中一个重要的环节。它对于巩固理论教学的成果，提高爱国主义教育的针对性和实效性，发挥育人功能，促进大学生全面发展，培养大学生的爱国精神，落实立德树人根本任务具有重要的意义。

一、"纲要"课实践教学内涵

随着高等院校教学形式的改革，实践教学已被纳入诸多课程的教学当中，已经是高等教育活动的重要组成部分。正确认识和准确把握实践及实践教学的内涵是开展实践教学的前提和依据。

实践是指改造社会和自然的有意识的活动。学生实践从属于人类的实践活动。一般情况下，实践教学活动是指相对于理论教学的各项实践环节，既包括与社会生活相结合的社会实践，又包括与课堂学习相结合的教学实践。大学生社会实践教学作为一种学习性、成长性和社会化的实践活动，有着鲜明的特征。大学生社会实践教学是指大学生在高等学校培养目标的引导下，以大学生为依托，以社会为舞台，开展的接触社会、了解社会、服务社会，并从中接受教育、培养综合素质的一系列有组织、有计划的活动总称。大学生实践教学是促进大学生成长发展的认识过程，是高校思想政治教育的重要方法之一。

（一）大学生社会实践的内涵

社会实践是大学生接受高等教育的过程中，除理论知识学习以外的一个必要环节。正如马克思主义认识论的观点：实践不仅是认识的源泉，还是认识的动力，是检验认识是否具有真理性的根本标准，是认识的最终目的。对于大学生社会实践概念与内涵的理解，可以从以下几个方面入手。

1. 大学生是大学生社会实践的主体

大学生是社会实践行为的发动者和执行者，是社会实践行为的主体运行者。一方面，大学生社会实践活动需要以大学生为主体，而非以教师或家长为主体，所以大学生社会实践必须要充分激发大学生自身的主观能动性，发挥其主体性地位的作用；另一方面，大学生社会实践活动又是以大学生为依托的，高等学校和教师有必要对大学生的社会实践活动加以教育引导，充分发挥主动作用，避免使大学生的社会实践成为一种盲目的、低效的、缺少教育意义的活动。

2.社会性是大学生社会实践的一个重要特点

对于以大学生为主体的社会实践来说，社会实践本身是一种社会化实践，这与大学生青年时代的成长发展特点以及高等学校的教育目标是一致的。同时，社会是大学生社会实践客体的一个统称，说明社会实践的对象是包括社会系统、社会过程、社会矛盾、社会主体、社会认知等在内的社会问题。不直接服务或解决各种社会问题，不接触人民群众或社会生产的科学实验、科学研究等实践活动，就不属于社会实践概念的范畴。另外，社会实践是以社会科学方法论为指导的，基于社会科学研究方法而开展的。大学生要开展社会实践，就要系统学习和掌握与社会实践相关的社会科学方法论体系。

3.大学生社会实践活动本质上是实践的，是一种实践的认识活动

大学生社会实践有别于单纯的理论灌输，是需要实际参与到社会实践活动中的认识过程和方式。大学生进行社会实践可以根据自身的实际情况，选择与自身学习相关的内容。从这个意义上讲，大学生社会实践是对课堂教育教学的延伸、补充、完善和提高，对大学生学习的主动积极性有一定的激发激励作用，并能够使大学生的思想认识有所深化加强。

（二）大学生实践教学的指导方针

大学生社会实践作为高等学校教育不可缺少的组成部分，要以马克思主义、毛泽东思想和中国特色社会主义理论体系中的教育观为指导。在具体实施层面，大学生社会实践的指导方针可以概括为"受教育、长才干、作贡献"。

"受教育"方针是指思想政治教育的主线要在实践教学中得到充分的凸显。要努力在学生社会实践的实施过程中挖掘思想政治教育的功能，社会实践可以引领大学生更加深入、准确地了解社会、认识国情，加深对党和国家路线方针政策的认识，密切同人民群众的感情，同时树立正确的世界观、人生观、价值观，坚定走中国特色社会主义道路，确立实现中华民族伟大复兴的共同理想和信念。

"长才干"方针是指社会实践要与学生综合能力培养与专业学习紧密结合，使学生能够在社会实践的基础上开阔视野、内化知识和增长才干。通过各项实践活动的准备、开展、总结，将书本中所学的知识与技能加以实践应用，磨炼意志，提高组织管理、协调整合、分析和解决问题的能力。

"作贡献"方针指社会实践教育要引导学生切实为基层和人民群众做实事、办好事，不停留在表面的形式和过程。在实践中感知并承担责任和使命，可以

使大学生忍受从未有过的困苦，迸发出从未有过的热情，在奉献知识和爱的过程中体验幸福感和成就感。在实践中使学生与社会能够双赢，使学生把实现自身价值同服务祖国服务人民有机地统一起来。

（三）"纲要"课实践教学的内涵

"纲要"是一门知识性、理论性、实践性都较强的课程，"纲要"课实践教学脱离不了实践教学的一般意义和指导方针。通常来讲，"纲要"课实践教学是以理论教学为依托，并围绕着理论教学而展开的一系列的社会实践活动。也就是说，"纲要"课实践教学是课堂教学的必要延伸，是理论联系实际的重要环节，也是检验课堂教学效果的手段和依据。实践教学能够帮助学生进一步了解国史和国情，深刻领会历史和人民选择"四个选择"的必要性，提高学生运用科学的历史观和方法论分析和评价历史问题、辨别历史是非和社会发展方向的能力，进一步增强学生的民族自尊心、自信心和自豪感，进一步增强学生拥护共产党的领导和接受马克思主义的指导的自觉性。

理解"纲要"课实践教学的内涵能够帮助大学生更加正确地看待社会实践，把握好社会实践的方向，使社会实践活动开展得更有意义。

二、"纲要"课实践教学特点

大学生实践作为高等教育活动的重要环节，与课堂教学相辅相成，共同完成高校的人才培养任务，实现学生全面发展的目的。实践教学作为教育范畴与其他形式的教育相比有些共同的特点，也有自己独特的特性，其特点主要有以下几点。

（一）实践性

这一特点要求教育者改变一切从书本出发、从教师出发、以教师为中心的传统教学理念，引导学生充分认识自身的主体地位，在实践的过程中建立起理论与现实相结合的桥梁。实践教学是建立在理论教学的基础上的，通过多种实践形式让学生加深对理论知识的理解和认识。学生亲力亲为，调动一切可以调动的因素去感受理论的真实，实现对理论的充分内化。整个实践过程的经历可以使学生拓宽眼界，感触社会中的真实，以获得更多感性认识。教育观念和教育技术的发展变化使教学形式也发生着重大的变化。实践教学在形式多样的活动中，根据学生自身的心理素质、知识能力、兴趣差异、发展特长进行教学，具有实践性和个体性，实现了因材施教。在实践教学上，有很多红色文化资源可以为"纲要"课实践教学所用：历史博物馆、革命遗址、纪念馆、烈士陵园等历史纪念地，这些都展现了中国历史近现代史上革命、建设的重要事件，体现了中华民族奋斗和创业的成就与艰辛，展示了近现代中国历史的变化。"纲要"课实践教学更多地表现了实践对历史和现实的感悟。

（二）自主性

实践为大学生提供了一个接触社会、认识自我的有效平台。这使大学生以一种开放的态度，主动认识和了解社会，自觉反省，提高自主发展的能力。实践教学为大学生增长知识、提高能力和修养品性提供了环境，使其能在社会实践的过程中自主学习，实现自我教育。在进行社会实践和向人民群众学习的过程中，大学生能够逐渐养成坚忍顽强的优良品性、求真务实的学习态度和艰苦朴素的生活作风，有利于大学生树立正确的世界观、人生观和价值观，走与社会实践相结合的成才之路。

（三）主题性

中国近现代史的主线是近现代中华民族的两大主要任务，即夺取民族独立和人民解放、实现国家富强和人民共同富裕。"纲要"课通过对史实的分析，对大学生进行爱国主义教育和理想信念教育，也就是使他们确信只有马克思主义才能救中国、只有中国共产党才能救中国、只有社会主义才能发展中国、只有中国特色社会主义能富强中国。"纲要"课的开设就是要激发学生的爱国主义情怀，激发学生的民族自尊心和自豪感，"纲要"课实践教学就是爱国主义教育的具体化。

三、"纲要"课实践教学的意义

中华人民共和国成立后，我国的思想政治理论课进行了数次调整，21世纪以来进一步加强了课程的改进工作，诸多的调整和改进措施中的一个环节就是增强实践教学内容。"05方案"明确指出："高等学校思想政治理论课所有课程都要加强实践环节。要建立和完善实践教学保障机制，探索实践育人的长效机制。"此外，为了使实践教学制度更加完善，2018年，教育部印发的《新时代高校思想政治理论课教学工作基本要求》中指出："从本科思想政治理论课现有学分中划出2个学分、从专科思想政治理论课现有学分中划出1个学分，开展本专科思想政治理论课实践教学。"2008年，中共中央宣传部、教育部引发的《中共中央宣传部教育部关于进一步加强高等学校思想政治理论课教师队伍建设的意见》指出："要探索实践育人的长效机制，提供制度、条件和环境保障，确保不流于形式。各类博物馆、纪念馆、展览馆、烈士陵园等有教育意义的场所，要对开展思想政治理论课实践教学实行免票。"这一系列文件的发布使高校"纲要"课实践教学的实施取得了一些成效。实践教学突破了传统的教学模式的局限性，在高校"纲要"课教学质量提高、人才培养、大学生全面发展等方面有很大的益处。

（一）实践教学是增强教学效果的重要途径

实践教学与课堂教学的有机结合有利于大学生理解、接受、内化抽象化和概念化的知识。将理论讲授与实践教学相结合，有助于大学生接受和理解所学内容，在实践中巩固和运用知识，将理论知识转化为实践的能力。

"纲要"课作为全国大学生公共必修的思想政治理论课，对加强大学生的思想政治理论教育具有重要的意义。而"纲要"课教育的目的是通过对史实的分析让学生了解国史、国情，深刻领悟"四个选择"这一爱国主义教育课题。但以前的"纲要"课采取的形式主要是课堂讲授教学，教师位于主导地位，注重理论灌输，学生被动地接受，教学内容也仅限于课本上的内容，内容枯燥，缺少说服力与感染力，学生不能有效地接受，因而教学效果并不理想。而实践教学将课本中的理论知识与当前社会生活中的事例相联系，带领学生开展各类实践活动，调动学生学习的积极性，锻炼学生理论联系实际的能力。同时，也可以促使大学生有效地掌握理论知识，可以印证理论的重要性和科学性。开展"纲要"课实践教学可以加深学生对马克思主义理论的认识，使学生了解我国当前的基本路线、方针、政策，提高学生政治理论水平，使学生坚定社会主义理想信念。

（二）实践教学有助于培养高等教育人才

大学是培养社会主义合格建设者和接班人的殿堂。无论是为祖国发展、为人民幸福而奋斗的理想信念，还是科学知识理论与工作技能，都只有通过实践的感悟和运用，才能够更好更牢固地被人们吸收内化。这是我国社会主义大学办学理念的根本出发点和必然要求。脱离实践参与的单纯的理论灌输不利于高校人才培养目标的实现。

对于高等教育来说，实践是课堂教学的必然延伸和有益补充。教师不仅要使学生"知其然"，还要使学生"知其所以然"。实践锻炼可激发学生的能动性和创造性，是教育的重要组成部分。教师通过引导学生参加实践锻炼，可以使学生深化理性认识。

对于"纲要"课而言，固然单纯的理论教学可以总结历史规律，为现实所用。同时，在理论教学的过程中，教师可以借古喻今，把理论与现实有机结合起来。但是，在学生看来，这些都离自己太远，仅仅学习教师课堂的这种结合，对学生的触动是有限的。也就是说，课堂教学虽然比较系统完整，但也相对抽象化、概念化，只有结合实践，课堂上所讲授的中国近现代史知识和理论才更容易更深刻地为大学生所接受。而且在实践中，学生能更深切地体会到"四个选择"的历史必然性。理论讲授和社会实践的有机结合有助于大学生接受和理解所学知识，在实践中巩固和运用知识，将理论知识转化为实际的工作能力。

通过"纲要"课实践教学，把抽象的理论知识具体化、形象化，注重时空的变换，让大学生在实践教学的过程中接触社会、了解社会、认识社会，同时，他们真切地感受到改革的发展以及所带来的成果，这有利于大学生发现自身的问题，以注重身心健康，追求全面发展，坚定社会主义信念，增强社会责任感，逐步成长为社会主义建设的合格建设者和可靠的接班人，为走向社会奠定良好的基础。这也是"纲要"课实践教学的初衷之一。

（三）实践教学可以提高教师的业务素质

教师在"纲要"课实践教学过程中处于主导地位，在实践教学中要注重学思结合，注重知行统一，注重培养实践观念。实践教学中，教师必须有掌握全局的能力，既要有计划地设计实践教学的整体活动方案，又要能组织好整个实践教学的全程。实践教学内容要根据教学目标的要求，掌握并理解"纲要"课程及相关的理论内容，做好社会实践的各项准备工作，选定社会实践的题目，确定社会实践对象、方法与时间，制订个人社会实践实施计划……这些过程都需要教师组织和实施。在社会实践过程中，教师要掌握方向，学生要及时整理调查成果，进行总结分析，最后得出结论，并完成社会实践报告的撰写，实践报告的考评也要由教师进行全面客观的评价。因此，从事"纲要"课实践教学对教师来说既是一种考验，又是提升自己的能力的机会，开展实践教学需要指导教师不断地开阔视野，强化对史实、国情的了解，教师还要高度重视自身的理论水平和实践能力的提升。因而，在开展实践教学的过程中，教师的教学业务水平将不断得到提升。

第二节　"纲要"课实践教学的常用形式

一、课内实践教学形式

目前，实践教学主要分为两大块，即课内实践教学和课外实践教学。课内实践教学主要是在课堂教授的基础上，为更加深化和巩固学生所学知识而开展的教学活动。课内实践教学的形式多种多样，我们可以在以下几个方面进行尝试。

（一）演讲

可在课前 10 分钟进行，也可以每学期组织一两次。演讲的主题有很多，如"我看历史风云人物""历史上的今天""经典影片观评""经典名著推荐""史学问题研讨"等。任课教师需提前布置实践作业，学生以学习小组为单位，收集、整理资料，写成演讲稿，做成 PPT，轮流登台演讲。经老师点评、总结之后，将分数记入平时成绩。因为每人都不例外地进行演讲，所以学生的参与性、主动性就会被大大地调动起来，学习近现代史的氛围就会更加浓厚。同时，学生自觉学习的精神和团队精神也会得到培养，材料组织能力、语言表达能力、多媒体课件制作能力都会得到大大的提升。

（二）知识竞赛

每学期可以组织一到两次。教师需事先精心拟定出竞赛题目并做出标准答案。竞赛题目要立足于中国近现代史，联系重大时事、社会热点，如改革开放40 周年、五四运动 100 周年、建国 70 周年、建党 100 周年、党史学习教育活动等，给学生一定的知识范围，让学生有抓手，切不可漫无边际地出题。要尽可能地让全体同学都参加。知识竞赛的目的一是巩固学生已有知识，二是拓展学生的知识面，三是调动学生学习历史的积极性。把学生分成几个小组进行，竞赛结束后，教师给各组成员打分并记入平时成绩。

（三）辩论赛

对于教材中出现的一些具有争议性的问题，可以组织学生进行专门辩论。例如，"没有西方的殖民侵略，东方将永远沉沦""鸦片战争一声炮响给中国带来了近代文明""殖民化在世界范围之内推动了现代化进程""辛亥革命搞糟了"等。诸如此类的问题很多，教师可以筛选一些具有典型意义的问题，把学生分成正、反两方进行辩论。让大家畅所欲言，各抒己见。因为辩论双方事先都要查阅大量资料来论证自己的观点，所以就使辩论有血有肉，有理有据，精彩无比。辩论到最后，正确的答案自然就呼之欲出了。辩论结束后，教师进行总结，根据学生的表现打分，记入平时成绩。

（四）撰写小论文

任课教师为学生指定论文题目，要求学生通过阅读与社会调查撰写小论文。撰写小论文一方面可以培养学生的学习兴趣，使学生掌握查阅文献资料的方法和做人做事的道理；另一方面可以培养学生分析问题、解决问题的能力，提高学生的写作水平。

（五）开展学生课堂讲课

任课教师安排学生讲授"纲要"中的重大历史事件和历史人物，让学生在充分的准备之后，在课堂上模拟教学。学生在课堂上讲课一方面能够调动他们的学习积极性与主动性，锻炼他们的思维能力、口头表达能力、板书书写能力，促使他们逐渐形成良好的教态；另一方面，也有利于任课教师了解学生的学习态度和学习效果，及时发现学生存在的问题并有针对性地加以解决。

（六）舞台展演

舞台展演是"纲要"课实践教学工作的重要形式，分别以"讲、唱、诵、展、演"的方式巧妙融入课堂教学中，将学生作品创作、组织、表演贯穿于思想政治教育全过程，通过舞台展演的形式全面展示教学实践内容和成果，使学生在潜移默化中受到教育，能够大大提高学生尤其是艺术类学生学习的积极性和育人效果。

舞台展演在"纲要"课实践教学中的内容和形式可以多样化。用舞台展演形式，以学生本位理念，从艺术表现的角度对提升学生人文素质加以探究，在高校思政课教学中用多种艺术表现形式展示课程内容，形式新颖，别具一格。"故事"里面有精神，"红歌"里面有马列，"经典"里面有理想，"作品"里面有创新，"表演"里面有才艺。舞台展演可进一步拓展教学实践内容，使教学内容和实践活动相结合，学生积极性更高。

（七）观看爱国主义影片

每学期可利用 4 到 6 课时的时间或利用网络教学平台组织学生观看几部近现代历史题材的电影、纪录片、专题片等。这方面的资料是极为丰富的，如《五四运动》《甲午风云》《长征》《闪闪的红星》《红岩》《地道战》《地雷战》《辛亥革命》《建国大业》《开天辟地》《我和我的祖国》等。通过看爱国主义影片，让学生铭记历史，增进对史实的了解和认识，激发他们的爱国热情，培养他们的爱国主义精神。观看结束后，要求学生写出观后感，经教师评定后记入平时成绩。

（八）请专家学者、知名人士来校讲学

这就是我们所说的"请进来"。一是请红色老人的后代，让他们亲口讲述父辈们那段火与血的历史。鲜活感人的口述历史定会收到意想不到的效果。二是请校内外专家、学者进行近现代史方面的学术报告，帮助学生了解学术前沿动态，拓宽学生的视野，使学生更深刻地、更全面地掌握中国近现代史的全貌。三是请企业或社会各界知名人士为学生提供多场喜闻乐见的讲座，让学生从不同侧面了解我国社会主义现代化建设的成就，增强学生热爱党、热爱社会主义的情感。讲学结束后，教师要组织学生讨论、分享感受，并思考讲述者的观点带来了怎样的启示，最后写出自己的心得体会，经教师评定记入平时成绩。

二、课外实践教学形式

课外实践教学是课堂教学的延续和升华，两者相辅相成，相互促进。学生通过参与课外实践教学活动，可以很好地体验"知"与"行"的统一，促进立德树人根本任务的落实。

（一）参观考察

参观考察是课堂教学的直观"印证"，也是对学生进行爱国主义和革命传统教育的有效方式，对学生的思想情感及行为都会产生很大的影响。因此，要充分利用社会教育资源，合理地组织学生进行参观考察。其地点可以是学校所在地、家乡或周边的老区、旧址、遗址、历史古迹、革命陵园、纪念馆、博物馆等，其形式可以是个人，也可以组成小组。参观考察可以帮助学生走进历史、铭记历史、感悟革命，激发学生的爱国热情，提升学生的政治思想水平，增强学生立志成才，报效祖国的责任感和使命感。参观考察后，学生要及时将记录整理成考察报告，连同现场照片录像等资料一并交于教师评定打分记入实践成绩。

（二）组织学生进行社会调查

社会调查可利用寒暑假进行。调查的内容十分广泛，可以涉及政治、经济、文化、法律、民族等方方面面。社会调查能使学生开阔眼界，增强社会责任感和适应社会的能力，使他们从丰富多彩的现实生活中了解国情、民情，接触、了解、学习到许多在学校、课堂和书本上学不到的东西。学生通过调查得到第一手材料后，再认真地进行归纳总结，完成调查报告的撰写，交由教师评定分数，记入实践成绩。

（三）组织课外读书活动

要求学生在开"纲要"课的学期内，利用课余时间认真研读一本与本课程高度相关的史学著作、名人传记、纪实文学、小说等。任课教师在第一堂课就要布置下去，并向学生指定一批融可读性、学术性于一体的书目，让学生自主选择借阅，之后撰写读书笔记或读后感。这方面的资料数不胜数，如《中国近代史》（蒋廷黻）、《中华民国史》（李新）、《触摸历史：五四人物与现代中国》（陈平原）、《红星照耀中国》（埃德加·斯诺）、《长征前所未闻的故事》（哈里森·索尔兹伯里）、《西安事变新探——张学良与中共关系之谜》（杨奎松）、《黄埔军魂》（陈驰）等，还有毛泽东、周恩来、刘少奇、朱德等名人传记。任课教师要随时跟踪学生的读书进展，防止其半途而废。

（四）走访中国现代史的亲历者

要求学生利用节假日或周末进行。让学生走进企业、农村、社区，就某一些问题进行实地走访。访谈的对象包括中国革命和建设的老前辈、亲历过中国现代不同历史阶段的普通百姓、家乡（或周边地区）老企业的领导和职工等。走访会使学生感同身受，学生能更深刻地理解中国现代社会，特别是改革开放以来我国各行各业各领域发生的翻天覆地的变化，使学生从中深刻地领会"没有共产党就没有新中国"这一科学论断。访谈结束后，教师要求学生提供访谈录音或文字版访谈录和现场照片等资料，以证明访谈的真实性和可靠性。

（五）大力开发网络资源

网上有"纲要"课和中国近现代史网站，蕴藏着极为丰富的图片、文字、地图和音像资料。学生的许多课外实践活动都可以通过网络上得到帮助。因此，我们必须充分地利用这一有利资源。实践教学中的"请进来"，即请专家学者讲学，往往会因为经费而使计划流产，而补救的办法就是教师用心搜集各大网站，把那些名人的讲座、谈话、报告的录像录音下载下来，组织学生观看。这就可以足不出户而听名家讲学。这种形式会使学生的眼界大开，既丰富了他们的课外知识，又让他们领略了名师的风采，对学生的学习、思想行为无不会产生莫大影响。

另外，可以让学生在课余时间利用学习强国 APP、央视影音观看爱国主义视频。集中组织学生观看爱国主义影片，时间往往有限，难度也比较大，因而效果不明显。学习强国 APP 上有丰富的反映近现代史的影片，如电影《秋瑾》《辛亥革命》《开天辟地》《建党伟业》《建军大业》《永不消失的电波》《英雄儿女》《刑场上的婚礼》等。当然无论看什么电影，之后一定要有支撑材料——观后感，交由教师评定记入实践成绩。

（六）组织学生参与社会服务

社会服务是以提供劳务的形式来满足社会需求的社会活动。社会服务活动有时也被称为社区服务、志愿者服务。作为"天之骄子"的大学生更应该从"象牙塔"中走向社会，进行多种形式的志愿者服务，满足社会的需求，以培养自己的社会责任感。同时，社会服务能够培养学生自我管理、自我教育以及社会生存的基本能力，培养其意志力、探索性及自主、自重、公平竞争和爱校爱国的精神，使学生树立尊重他人、为他人服务、与他人合作、平衡人际关系的协作观念。这些社会实践活动可以不断地将道德原则内化为学生的道德信念，加深学生对社会的认识，弥补课堂教学的不足。

第三节　实践性地方历史教学资源在"纲要"课教学中的应用

"纲要"课教材的容量是有限的，学生的学习仅局限在课堂教学过程中也是不够的，所以学生课外自学特别是实践教学活动必不可少，教师一定要为学生的自主学习和实践活动提供良好的环境和必要的帮助。实践性地方历史教学资源的利用属于乡土历史教育的范畴,是培养大学生关注社会生活、认识自然和人文世界的起点,兼具社会性、知识性和伦理性。实践性地方历史教学资源作为教学的素材,大多具体、直观且易于观察,很容易激发学生的兴趣和好奇心,引发学生探究的欲望,是解决当今思想政治理论课教育中学生缺乏学习兴趣和主动探究问题动力的一剂良方,也符合认知心理学和关注学生生活实际的新课程理念的要求。因此,这是使大学生感触历史、感知历史、评析历史,提高对"纲要"课的学习兴趣的有效途径。

一、实践性地方历史教学资源的内涵

(一)实践性地方历史教学资源的概念

本书所讲的实践性地方历史教学资源也可以称为实践性乡土历史资源。乡土历史是指一种相对于国家历史或世界历史地区范围比较狭小的历史研究。可以说那些独具地方特色、伴有浓郁地方生活气息的历史都属于乡土历史范畴,一般包括历史沿革、文化传统、风土民俗、名胜古迹、革命遗址、重要的人物和事件等。所以实践性地方教学资源首先是存在于某个地方的历史资源,而且是在实践性教学活动中可以利用的乡土历史资源。实践性地方历史教学资源具有直观形象生动、分布广普及度高、贴近学生生活、有较强的乡土情感因素、有较强的说服力等优点,"纲要"课教师应该高度重视并大力加以运用,从而提高教学效果,更好地落实立德树人根本任务。

(二)实践性地方历史教学资源的范畴

具体而言,实践性地方教学资源主要包括以下几点。

第一,当地的历史遗迹、遗址、博物馆、纪念馆、档案馆以及蕴藏丰富历史内容的人文景观和自然景观都可以提供丰富的乡土历史资源。

第二,当地丰富的人力资源,如历史见证人、历史学者、历史教育者、阅历丰富的长者,他们能够在不同的层面多角度为我们提供历史素材和见解。

第三,家庭也是一种重要的历史资源。家谱,不同时代的照片、图片、实物,以及长辈对往事的回忆都会为学习历史提供很大的帮助。

第四,当地民间流传的音乐、舞蹈、故事、传说、工艺、信仰、服饰、风俗习惯等也能帮我们了解历史,追寻社会生活的变迁。

二、实践性地方历史教学资源在"纲要"课教学中的必要性和重要意义

（一）实践性地方历史教学资源在"纲要"课教学中的必要性

"纲要"作为统编教材，编者关注的是整个中国近现代的大历史，主要从宏观角度演绎中国近现代历史的发展进程，自然较少兼顾各地、各民族近现代历史发展过程中的个性差异。中国是一个地域辽阔、社会发展不平衡的多民族国家，地域文化、地方风情、地区差异不仅在今天存在，还存在于中国历史发展的各个时期。因此，除了按照教材脉络介绍中国近现代历史发展的过程，结合实践性地方历史资源进行补充教学对我们上好"纲要"课是大有裨益的。

1. 是马克思主义理论原理的体现

依据马克思主义认识论有关人是认识的主体及人的个性充分自由发展的原理，进行地方历史资源的实践性教学是十分必要的。首先，学生是认识的主体。马克思说："主体是人，客体是自然。"他认为："人始终是主体。"主客体关系就是人与世界的关系，就教育活动而言，就是学生在教师指导下通过学习掌握人类积累起来的知识并认识世界的关系。学生是学习活动的主体，要引导他们在学习和运用知识过程中能动地认识与改造世界。学生又是发展的主体，作为认识、调节和提高自身的主体，学生在认识和改造客观世界的过程中，必然会加深对自身的改造与完善。这就是说，教育者不应忽视学生自主创造、自主管理与自我教育的能力，要善于引导学生提出自我奋进的目标，促使学生做自身发展的主人。在"纲要"教学中通过实践性地方历史资源的运用，使学生更能理解、领会和接受教材所反映的历史规律，增强理论联系实际的能力。

实践原则是马克思主义首要的基本的理论原则。马克思主义认为，实践是人们自觉地改造客观世界的物质性活动，它具有客观性、能动性、社会历史性等几个基本特征。对于马克思主义来说，其根本的原则和方法在于，不是从观念出发来解释实践，而是从物质实践来解释观念的东西。实践教学是"纲要"课作为思想政治理论课课程自身建设的必然要求，是提高思想政治理论课教学效果的必要途径，是全面实施素质教育的迫切要求，是高校培养理论联系实际的全面发展的创新人才的重要手段。思想政治理论课教学改革和创新就要实现从传统的以"三中心"（教师中心、教材中心、课堂中心）为特征的教学模式向以学生为主体、以教师为主导、理论联系实际、开放式的教学模式的转变。

强化实践，走课堂理论教学与实践教学相结合的道路，让学生把在课堂中学到的系统理论知识通过社会实践加深理解，从而使思想政治理论课教学真正实现"内化育人"的最终目的。

2.是进行爱国主义教育的要求

党中央、国务院及其相关部门一贯重视在思想政治教育教学中对地方历史文化资源的吸纳，坚持要充分发挥爱国主义教育基地对大学生的教育作用，努力提高思想政治教育的针对性、实效性和吸引力、感染力。实践性地方教学资源中的"红色资源"尤其内容可靠、信息鲜活、亲切感强、价值导向鲜明，是构建"纲要"课优质教学体系的重要基础，能够弥补"纲要"课教学中对历史规律的把握和历史教训的总结仅仅从书本到书本的不足，对于学生理解课本知识能够起到任何其他教辅材料都难以取代的作用，能够使爱国主义这些抽象的概念转化为具体的、可感知的东西，有助于学生确立正确的世界观、人生观和价值观。

3.是实现深度教学目标的要求

"纲要"课的教学目标不但在于简单的历史知识的传授，更在于通过对中国近现代历史的叙述和分析，帮助大学生了解国史、国情，深刻领悟历史和人民怎样选择了马克思主义，怎样选择了中国共产党，怎样选择了社会主义道路，怎样选择了改革开放。揭示历史规律，总结历史经验，使大学生提高思想理论修养，激发学生的学习兴趣，提高他们学习的积极性与主动性。"纲要"课是让他们做到上述"两个了解"、懂得上述"四个选择"的必要性和正确性的关键，能使学生更好地树立中国特色社会主义的理想信念。因此，在课堂教学中撷取一些有代表性的实践性地方教学资源作为补充材料，让其与教材内容相互印证，不仅会增强教学的生动性与鲜活力，还能让学生产生亲切感，从而增强说服力。

4.是教材体系向教学体系转化的需要

中宣部、教育部在《中共中央宣传部教育部关于进一步加强高等学校思想政治理论课教师队伍建设的意见》中明确指出："思想政治理论课教师要以教材为教学基本遵循，在教材体系向教学体系转化上下功夫，真正做到融会贯通、熟练驾驭、精辟讲解。"由于"纲要"课都是统编的教材，所以富有特色的内容就成为促进教材体系向教学体系转化的关键之所在。在"纲要"课教学中，充分地挖掘和使用地方史资料，利用这一富有特色的教学内容，通过多媒体课件的制作展示、教学专题的设计、教学实践的组织等环节进行教学，对于促进"纲要"课程富有特色的优质教学体系的建立具有重要作用。地方史资料和教材体系的不同之处在于它围绕着更微观的历史展开，比宏观的国史和党史更加使人容易体会和感受，保证了"纲要"课教学体系的优质高效性。与书本讲述的历史相比，地方史的资料和素材一般比较具体、直观，且易于观察，它讲述的人物和事件距离学生比较近，往往就是我们身边的，甚至曾经就是我们校园里的人物与事件，学生对其有强烈的了解和认知的愿望，在学习过程中对这些内容有亲切感，这些内容容易引起学生共鸣，激发学生的学习兴趣。

（二）实践性地方历史教学资源在"纲要"课教学中的重要意义

1.是丰富教学内容、提高学生素质的有效途径

教学活动本身就是实践性很强的活动。"纲要"课的实践性并非以往所理解的多是教师的实践活动，需要特别强调学生在教学活动中的主动参与、积极活动和亲身体验，强调学生的主动性和实践主体性。对于学生来说，没有亲身体验，教育者的观点和结论就是没有生命力的教条。只有在学生的主动参与、多样性实践活动的过程中，课程的目标才能达到，学生的素质才能得到真正的提高。

与地方历史资源相结合的实践性教学活动凸显了"纲要"课与社会生活的密切联系，注重学生的主动学习，提供体验、探究、参与、合作、讨论、调查、社会实践等多种学习方式，促进学生社会实践能力的发展，有利于促进学生的全面发展和立德树人根本任务的落实。同时，实践教学活动课程在教学内容、评价方式和教学环境等方面，将给教师和学生提供更大的空间。评价从追求唯一的、固定的结论转变为注重个性化的思维过程，从单纯的纸笔测试转变为多种评价方式相结合，教学环境也从课堂的狭窄范围扩展到社会的广阔空间，并提供多种教学选择，强调社会实践，使课程在更大程度上满足不同地区、不同学生的需要，让教学内容和社会实际与个人生活紧密联系，使知识不再局限于教科书。它强调学习是主动的，学生要主动选择和加工外部信息，学习过程并不是简单的信息输入、存储和提取，而是新旧经验之间的双向的相互作用的过程。所以它不同于重事实与原理知识的传授，不只提供确定的、规范的答案，而是在解决真实问题的情境中进行概念和技能的教学，更注重教师自主开发课程资源。也就是说，教学内容已不再只局限于教科书，除教科书内容外，还包括教师本人的知识及由师生互动而获取的新知识。

2. 是推动大学生利用"问题意识"提高学习效率的有效方法

引入实践性地方历史资源是引导、推动大学生具有"问题意识",学会提出问题、思考问题、解决问题的有效方法。爱因斯坦说过,提出一个问题,往往比解决一个问题更重要。"纲要"课教学不仅要传授知识,还应该注意对学生学习能力,特别是提出问题能力的培养。笔者认为,在教学中适时引入一些地方史资料,使学生进入历史,走入社会,走进生活,亲自了解历史的发展过程及其对未来的影响,有助于培养学生运用辩证唯物主义和历史唯物主义的原理观察问题、分析问题和解决问题的能力。

社会问题的发生有其深刻的历史、地理和文化的各种因素。任何一个社会问题都有它的历史渊源和演变过程,都发生在一定的区域,都与人们的思想观念相联系,并影响着人们的思想和行为。所以,探索社会问题,必须考虑其人文特征、思想根源、观念变化等,要具备丰富的历史知识、地理知识以及社会科学方面的知识,只有把各个方面的知识综合起来,对社会问题进行总体研究,才能正确把握所探索的问题。实践是认识的源泉,是提高创造能力的重要条件,在知识迅猛发展和快速更新的今天,已不能通过一两次学习就满足终身发展的需要,必须带着问题学,在实践中学,把科学知识综合起来,结合实际的社会问题进行探索式学习,增强自主学习的主动性,才能在探索中学习,在实践中提高。这是引导、推动大学生具有"问题意识",学会提出问题、思考问题、解决问题的有效方法。

3. 有利于激发大学生主动参与教学活动的兴趣

运用实践性地方历史教学资源可以提高学生学习"纲要"的兴趣,有利于教师更好地组织教学活动。实践性地方历史教学资源所涉及的内容具有明显的本土性质,有的还是典型的"草根",是和学生们生长和生活的地区紧密相关的。学生所具有的社会知识,包括历史知识,有很多是来源于社会生活,来源于他们所生活的周围环境。所以学生最为熟悉的社会环境就是自己的家乡。他们对于有关故乡的历史故事、历史人物、古老传说、风俗习惯以至山水草木等,都有着特殊的、深厚的情感。学习家乡的历史,了解自己生活的地区,是学生的需要。这样,教师进行实践性地方历史资源的教学时,学生就会有一种亲切感。学生们会感受到,就在他们生活着的地方,在他们经常走过的街巷,历史上曾发生过这样轰轰烈烈的场面。学生对学习内容有了浓厚的兴趣,有了历史感,学习时的注意力和主动性就会大大提高,教学就得以顺利进行。事实证明，学生在参与这样的教学活动时，他们的感觉是亲切的，气氛是热烈的，师生之间的交流是活跃的，学生喜欢听、愿意记、爱交流。从教育心理学上讲，亲近的事物，容易引起学生学习的兴趣，也便于学生学习时进行联想。这样就创造了良好的条件，从而使学生能够更加积极主动地投入到中国近现代史教学的活动中去。

4.有利于激发大学生的爱国情感

实践性地方历史资源的熏陶能够极大地激发学生的爱国情感。加里宁说："家乡是看得见的祖国，祖国是扩大了的家乡。"他认为："爱国主义教育是从深入认识自己的故乡开始的。"教育的重要任务之一是为当地培养各种合格人才，促进当地的经济建设和文化建设。因此，"纲要"课程作为一门思想政治理论课程，更应肩负起对学生进行热爱家乡、热爱中华的思想教育任务的责任，帮助学生树立建设家乡、报效祖国的崇高理想。家乡历史上名人的非凡经历、生动感人的事迹及其表现出来的民族精神和奋斗精神是对学生进行革命传统和爱国主义教育的最好素材。只有让学生了解了家乡的光辉历史、优秀人物和先贤先哲的嘉言懿行，才能使学生在情感的熏陶激励中产生爱国爱乡的情感，并把这种感情与祖国的命运联系在一起，从而激发学生效法先贤、建设家乡、振兴中华的责任感。

5.有利于提高教师的教研水平

实践性地方历史资源应用于中国近现代史教学可以提高教师的教研水平。虽然地方史所反映的是一个地区的历史，记录着本地发生的历史事件和历史人物的活动情况，但它是全国史的一个局部展现，是和全国史密切联系的。为了搞好教学，教师不但要掌握全国通史的内容，而且要掌握当地地方史，并且要搞清两者的联系和区别，这样也有利于教师对全国通史的掌握。对于反映地方史的历史遗迹、文物和历史人物当年活动的地方，学生是比较熟悉的，教师要运用好这些史料，就不能只靠书本介绍和传说，还要实地调查了解一番，认真读一读这本无"字"书。这样，教师就扩大了知识面，有助于提高"纲要"课的教学水平。在实践性地方史的教学过程中，要解答学生提出的新问题，教师必须经常收集、发掘和整理新的地方史资料，请教有关的学者、专家，甚至走访一些当事人和历史人物的后裔，以弥补自己的地方史知识的"空白点"，这也将促使教师教研水平提高。

总之，运用地方历史资源进行"纲要"课实践性教学，不但对受教育者，而且对教育者，都是十分有益的。作为高等教育组成部分的思想政治理论课更应该重视实践性地方历史资源在教学中的运用。

三、地方历史资源在"纲要"课教学的应用原则与策略

课堂教学是主要渠道，但不是唯一渠道。图书馆、博物馆、纪念馆和爱国主义教育基地等都是课外学习的好场所。特别是大量的历史遗迹，为学生课外学习提供了物化、真实、形象、丰富的材料，这是课外学习独具的优势。因此，"纲要"课教师应将视野拓展至整个社会，社会才是学习历史的大课堂。这就要求教师鼓励并创造条件让学生跑图书馆、博物馆、历史遗迹，引导学生带着问题阅读课外书籍，使教与学的重点不再仅仅放在获得知识上，而是转到学会学习和掌握学习方法上，使被动接受性学习转向主动探究性学习，这样学生才能养成课外研读历史的良好习惯，逐渐培养终身学习、自我学习的兴趣。全国各地都有数量可观的历史遗迹、遗址、博物馆、纪念馆、档案馆、爱国主义教育基地，以及蕴含丰富历史内容的人文景观和自然景观，也应当对这些资源因地制宜地加以利用。

因此，要结合"纲要"课的课程特点，本着有效性、可操作性及有利于理论联系实际、拓展深化课内教学内容、培养正确分析评价历史问题的能力等原则，与历史资源点联袂合作，开展各种形式的实践活动，促进"纲要"课的教学。

（一）地方历史资源在"纲要"课教学的应用原则

1.目标明确原则

利用实践性地方教学资源进行教学是一种深受学生欢迎的创新教学方法。但它是一种手段而不是目的，因此在教学中应该明确课程目标和教学目标，即按照有利于落实立德树人根本任务的原则选择实践性地方教学资源，不能滥用，也不能为了使用而使用。

2.经济适宜原则

开发利用实践性地方教学资源应比选择运用其他课程资源更简便易行，省时高效。由于学校在地域特点、师资力量、学校经费、学生文化背景等方面存在差异，所以实践性地方历史教学资源的开发与利用要因地、因时而异，循序渐进，量力而行。

3.时代性原则

实践性地方历史教学资源要努力反映各地改革开放后发展的新面貌，并具有一定的前瞻性。教学中要充分利用本地教育资源，及时补充反映地区建设和发展成果的教学资源。

4.协调整体局部关系原则

实践性地方历史教学资源所体现的只是本地区的历史发展状况，如果一味地强调"地方""家乡"而没有将其置于国家和民族发展的整体背景当中，极可能导致学生产生狭隘的地方意识。所以在利用实践性地方历史教学资源进行教学时一定要处理好整体和部分的关系，处理好地方史和整个中国近现代社会发展和历史演变的关系。

5.坚持史实原则

出于对家乡深切的热爱，学生会将其描绘得灿烂辉煌，而对于一些负面的事件、人物选择避而不谈。教师在利用实践性地方历史教学资源进行教学时，不仅要赞扬其先进的一面，对于家乡落后、消极的一面应当进行适度批判，这才符合治史者坚持史实的科学精神，才能教会学生正确分析问题，教会学生如何批判性地继承和发扬。

（二）地方历史资源在"纲要"课教学的应用策略

1.以"纲要"课实践教学目标为据，精心选择地方历史资源

"纲要"以中国人民为实现近代以来中华民族的两大历史任务而奋斗的伟大历程为主线，以了解国史、了解国情为主要内容，以帮助大学生深刻领会历史和人民怎样选择了马克思主义、选择了中国共产党、选择了社会主义道路、选择了改革开放，坚定走中国特色社会主义道路的理想信念为教学目标。因此，实践教学要紧紧围绕中华民族复兴的伟大历程这一主题，合理选择运用当地的历史资源来组织教学活动，要将地方历史资源有机融入"纲要"课实践教学之中，既要注重地方历史资源与教学内容的关联性，又要注意地方历史资源在实践中的可操作性。一方面，不管教师还是学生，在搜集使用地方历史资源素材时，所搜集素材的内容都应该与教材内容和学习目标相关，能引发师生深层的思考，能发挥以小见大、由浅入深的作用。另一方面，"纲要"课实践教学运用地方历史文化资源时，教师应该从学生的学习生活实际出发，从他们比较喜爱的问题入手，引导他们积极主动地去研究和探索。在布置任务之前，就要设定好教学目标，任务清晰明确详细，这样才能引导学生正确地选择素材。

2.按照"三贴近"要求，突出形式的多样性、方法的灵活性

地方历史资源教育重点在实践，因此，在"纲要"课实践教学中运用地方历史资源，必须坚持贴近实际、贴近生活、贴近学生的原则，采取多种方式和途径，在引导大学生自主参与实践教学的过程中彰显地方历史资源教育的独特魅力。依据学生自主参与实践的程度，其实施路径可采取以下几种形式：缅怀历史——参观历史遗址遗迹；再现历史——观看经典历史影片；走进历史——阅读历史文献与历史人物传记；探究历史——重大历史是非问题和历史人物的专题讨论。要按照"三贴近"的要求，不断创新将地方历史资源运用于实践教学的新思路。

3.课堂讲授内容与地方史料资源紧密结合

为了激发学生学习"纲要"的热情，教师应该在教学中让学生能够想象历史、进入历史、了解历史，并感受和发现身边的历史。为此，任课教师要注意教学与地方史料的结合。一般省属高校生源大部分都来自于本省，可根据学生所属地方不同，重点讲述不同的内容。例如，在讲辛亥革命时，可重点讲述武昌起义，问来自武汉的同学，有没有去参观过革命旧址，如果同学回答去过的话，可让他向大家介绍一下参观感受。在介绍共产党一大代表董必武的时候，可向学生介绍他是湖北红安县人，红安县也被称为"将军县"，在近代总共出了223位将军。可向学生询问，有无来自红安地区的，有的话可以请他介绍红安县有哪些我们很熟悉的英雄人物。这样，大家不仅能学好书本上的知识，还能学到很多地域历史的知识。

可以通过向学生提供发生在身边的史料，引导学生阅读和理解材料，挖掘历史的真实，让学生自己在对历史材料领悟和思考后得出结论，激发他们的学习兴趣，进而让学生喜欢"纲要"课程。为此，教师有必要理清历史发展线索，并根据教学需要补充一些地方史资料，通过拉近时空距离增加历史的亲切感。地方史料内容丰富翔实，足够教师在教学中进行筛选，适当运用地方史料能体现历史发展过程本身具有的复杂性和多样性，加深学生对历史现象的理解；而且这些史料多发生在学生身边，有些还为学生喜闻乐见，能够减少学生与历史教材的隔阂。近年来，各相关机构、学者在挖掘地方史志资料方面做了大量工作，搜集和整理了大量的宝贵文史资料。这些资料不仅为史学研究提供了丰富的原始资料，弥补了史学研究方面的许多空白，还有助于促进"纲要"教学研究的发展。这些资料为"纲要"课教学提供了重要的素材。在"纲要"课程中

运用这些素材，可以充实教材内容，可以拓宽学习和研究的视野，从而使"纲要"课富有情趣，活跃课堂教学气氛。

同时，地方历史资料来源于当地，具有明显的本土性质，容易使学生产生亲切感，心理上比较容易接受和认同，因此有助于教学双边的配合。在"纲要"教学中，我们常常会发现学生往往容易对距离他们时空较近的历史人物、历史事件感兴趣，他们特别关注本地所发生的一切。

4. 与地方历史资源点合作，选择恰当的实践教学基地

有效开展"纲要"课实践教学，离不开多种形式的校内外实践教学基地，这是实践教学的基本要求和保障。为此，任课教师及学校教学管理部门应与地方历史资源点紧密合作，共建教育基地，开展多种形式的共建共育活动。充分利用教育基地组织的巡展、巡讲、报告会、座谈会等活动，组织学生听报告会、参观，强化课堂所学内容；引导学生利用周末和节假日参观与中国近现代历史相关的历史纪念馆、博物馆、历史遗迹等，增强学生学习历史的直观感受，使学生在潜移默化中受到教育，在主动参与中接受熏陶。选择实践教学基地，首先需要考虑的因素就是实践环节的成本与学生的参与程度，选择离学校较近的地方历史资源点，不仅可以大大节省实践成本，还可以大大提高学生对实践环节的参与度。

例如，在湖北，近代的革命遗迹很多，具体说来，有以下一些景点可以作为这方面的参考：武昌起义军政府旧址、起义门、辛亥革命烈士墓、黄兴铜像、武昌国民政府旧址、京汉铁路总工会旧址、武昌中央农民运动讲习所、施洋烈士墓、八七会议会址、向警予烈士墓、八路军武汉办事处旧址、陈潭秋革命活动旧址、毛泽东旧居、张自忠将军纪念馆、大别山红色革命根据地、洪湖革命根据地、红安县红色革命圣地等。

在参观前，学生要认真搜集资料，熟悉基本的历史情况，确定参访时重点关注的主题。在实施过程中，学生可以以班级为单位，也可以以寝室为单位，可以结伴，也可单独行动，参观本地与中国近现代史相关的纪念场所。在考察结束之后，要求学生以调查报告、考察日记等形式汇报个人心得；利用主题班会，安排部分同学在课堂中宣讲，其他同学参与讨论，在培养学生自主意识和创新精神的过程中实现对学生的全面考核。从实际情况来看，这类实地考察可以促进学生对地方历史的感性认知，增进学生史识、启迪学生智慧，不仅能够让学生了解家乡的优良革命传统，还能够让学生增强自豪感和时代使命感。

5.与地方历史资源点合作，开展实践性教学活动

"纲要"课教学活动要走出课堂，只有这样才能避免纯粹课堂教学的单一性，收到良好的教学效果。比如，与博物馆共同组织征文比赛、学术报告会、历史小报制作比赛活动，也可抓住博物馆举办学术会议或文物展览等活动的机会，组织学生参与其间，目的在于拓展课堂教学内容，深化历史教育，培养学生对历史问题的探讨和研究能力，提高学生自主学习、合作学习的能力。在利用博物馆资源的过程中，要求教师熟悉当地博物馆的藏品及其他一些文字资料，具有基础的文物知识和一定的鉴赏能力，以便结合教学内容或课程目标，进行博物馆资源的选择利用。

历史遗迹也是很好的实践性教学资源。教师须与学校教学管理部门（教务处）以及历史遗迹管理部门进行沟通，在时间、地点、经费等问题上进行协调。在时间选择问题上，尽量避免占用课堂教学时间，因为目前多数高校在"纲要"课程中没有安排专门的时间作为教学实践环节，所以教师要尽可能利用双休日带领学生前去考察，课余时间进行资料的归纳和整理工作；在地点选择上，最好选择离学校较近的地方，这样一天之内就可以完成考察。

6.教师要加强全程指导，提高自身素质

在利用地方历史资源，特别是历史遗迹、历史景点进行教学时，教师要正确引导，不要放任自流。大学生喜欢走出课堂，这是青年学生的天性，但是他们的人生观、世界观还没有完全成熟，对社会现象的认识还有待提高和加强，所以教师在教学实践中要积极正确地引导他们。同时教师作为课程资源的开发者和利用者，要不断进行知识更新，应该走出课堂，走向社会，通过利用地方历史资源，精读地方社会历史与现实这本"活教材"，不断充实自己，拓宽自己的知识面，这样才能满足学生的要求。

7.在校园文化中融合

要用实践性地方历史教学资源所承载的教育文化来充实校园的文化建设，营造校园"立德树人"思想教育文化的氛围，加强对大学生的思想政治理论教育。学校可以以实践性地方历史教学资源为主要内容，开展丰富多彩的学术、艺术、娱乐活动，营造校园文化，使校园文化与立德树人理论教育融合在一起。

参考文献

[1] 习近平.习近平谈治国理政（第一卷）[M].北京：外文出版社，2018.

[2] 习近平.习近平谈治国理政（第二卷）[M].北京：外文出版社，2017.

[3] 习近平.习近平谈治国理政（第三卷）[M].北京：外文出版社，2020.

[4] 习近平.在北京大学师生座谈会上的讲话[N].人民日报，2018–05–03（2）.

[5] 习近平.把思想政治工作贯穿教育教学全过程开创我国高等教育事业发展新局面[N].人民日报，2016–12–09（1）.

[6] 习近平.在纪念五四运动 100 周年大会上的讲话[M].北京：人民出版社，2019.

[7] 习近平.在哲学社会科学工作座谈会上的讲话[M].北京：人民出版社，2016.

[8] 中共中央党史和文献研究院组.十八大以来重要文献选编（上中下）[M].北京：中央文献出版社，2018.

[9] 明刚.教师如何立德树人[M]北京：中国轻工业出版社，2015.

[10] 王红琳，周东旭，王建东.高校立德树人的理论探索与实践创新[M].南京：东南大学出版社，2017.

[11] 周建华，吴海涛.高校立德树人的理论探索与实践创新[M].北京：中国书籍出版社，2015.

[12] 《马克思主义历史理论经典著作导读》编写组.马克思主义历史理论经典著作导读[M].北京：人民出版社，2013.

[13] 蒋建国.凝聚在共同理想和信念的旗帜下 学习贯彻习近平总书记"8·19"重要讲话精神[M].北京：人民出版社，2013.

[14] 中共中央马克思恩格斯列宁斯大林著作编译局.马克思恩格斯选集 第 1 卷[M].北京：人民出版社，1995.

[15] 本书编写组. 中国近现代史纲要（2021 年版）[M]. 北京：高等教育出版社，2021.

[16] 闫莉玲."中国近现代史纲要"专题化教学路径探析 [M]. 芜湖：安徽师范大学出版社，2019.

[17] 霍霞. 中国近现代史纲要教学研究与设计 [M]. 成都：四川大学出版社，2018.

[18] 车志慧，李宁. 中国近现代史纲要实践读本 [M]. 南京：河海大学出版社，2016.

[19] 方小年.《中国近现代史纲要》教材与教学问题研究 [M]. 长沙：湖南大学出版社，2012.

[20] 孙红英.《中国近现代史纲要》课程教学研究 [M]. 兰州：甘肃人民出版社，2017.

[21] 宋进. 中国近现代史纲要教学导论 [M]. 上海：复旦大学出版社，2009.

[22] 本教材修订组，全华.《中国近现代史纲要（2018 年版）》修订说明 [J]. 思想理论教育导刊，2018（5）：15–21.

[23] 陈辉. 翻转课堂与"中国近现代史纲要"课程教学实效性探究 [J]. 山西能源学院学报，2018，31（2）：89–90.

[24] 陈铃. 情境教学法在"中国近现代史纲要"课程教学中的应用 [J]. 西部素质教育，2020，6（10）：40–41.

[25] 陈始发，熊小欣."中国近现代史纲要"课专题教学若干问题的探讨 [J]. 思想理论教育导刊，2020（11）：105–109.

[26] 初春华. 关于《中国近现代史纲要》课程教学的几点思考 [J]. 高教论坛，2020（04）：46–48，63.

[27] 方圆，吴家庆."中国近现代史纲要"课教学要讲清楚三个道理 [J]. 思想教育研究，2021（1）：111–116.

[28] 耿之矗."中国近现代史纲要"专题研习实践教学机制探索 [J]. 教育教学论坛，2020（30）：123–125.

[29] 古鹏骏. 关于《中国近现代史纲要》教材的解读 [J]. 牡丹，2019（3）：145–146.

[30] 顾锦春."小组专题讨论"在"中国近现代史纲要"课程中的应用 [J]. 黑龙江教育（高教研究与评估），2021（1）：38–40.

[31] 郭纯平. 大学课程思政案例教学运用的彻底性与通俗性 [J]. 中学政治教学参考，2020（38）：98.

[32] 韩笑. 史料在"中国近现代史纲要"教学实践中的运用探讨 [J]. 作家天地，2020（18）：63–64，66.

[33] 胡小京，刘静. 地方红色文化资源融入"中国近现代史纲要"课程教学的探究 [J].

重庆广播电视大学学报，2020，32（4）：51–56.

[34] 黄延敏 . "中国近现代史纲要"课教学的价值引领目标及其实现 [J]. 思想理论教育导刊，2020（12）：112–118.

[35] 康桂英 .《中国近现代史纲要》课对青年大学生社会主义核心价值观培育及践行的重要意义 [J]. 安徽理工大学学报（社会科学版），2017，19（4）：100–103.

[36] 匡长福 . 浅谈中国近现代史纲要课程实践教学的多种形式 [J]. 马克思主义学刊，2018，6（3）：56–60.

[37] 赖继年 . "中国近现代史纲要"课专题教学模式的探索与实践 [J]. 沈阳工程学院学报（社会科学版），2015，11（4）：551–554.

[38] 李传兵 .《中国近现代史纲要》社会实践的项目化教学研究 [J]. 黔南民族师范学院学报，2015，35（6）：44–47.

[39] 李慧 . 地方红色资源在《中国近现代史纲要》中的运用 [J]. 学理论，2015（33）：160–161.

[40] 李思华，柳叶 . 习近平高校立德树人思想的主要内容体系及品质特征 [J]. 法制与社会，2020（8）：104–106.

[41] 李忠萍，董玉节 . "双主"互动："中国近现代史纲要"的教学设计 [J]. 安庆师范大学学报（社会科学版），2017，36（3）：125–129.

[42] 刘华 . 论互动式教学法在《中国近现代史纲要》教学中的应用 [J]. 开封教育学院学报，2016，36（10）：184–185.

[43] 刘家祥 . "中国近现代史纲要"课"三个主体、三个补充"的教学定位 [J]. 思想理论教育导刊，2019（7）：101–104.

[44] 刘晓研 . 舞台展演在《中国近现代史纲要》教学改革中的应用研究 [J]. 当代教育实践与教学研究，2016（12）：164.

[45] 刘秀峰 . 试谈《中国近现代史纲要》课程虚拟实践教学资源库的构建 [J]. 文教资料，2015（8）：172–173，179.

[46] 路宽 . 习近平大历史观视野中的中国问题 [J]. 理论学刊，2021（1）：5–13.

[47] 骆科强 . 近代史料在历史学中的应用探析 [J]. 明日风尚，2020（20）：162–163.

[48] 孟贵会 . 案例教学法在中职"职业道德与法律"课程教学中的运用 [J]. 文教资料，2016（26）：182–183.

[49] 娜芹，萨茹拉 . 论"中国近现代史纲要"课程的定位及其基本功能 [J]. 内蒙古财经学院学报（综合版），2007（3）：39–42.

[50] 彭怀彬 . 浅析地方历史文化资源在"中国近现代史纲要"课教学中的运用——以

延边朝鲜族历史文化为例 [J]. 佳木斯教育学院学报，2014（1）：132-133.

[51] 彭蕙 . 互动教学模式下学生主动性的发挥——以"中国近现代史纲要"课程为例 [J]. 江苏第二师范学院学报，2017，33（4）：12-15.

[52] 乔夏阳，梁严冰 . 论新中国成立以来"中国近现代史纲要"课程的演变 [J]. 毛泽东思想研究，2020，37（5）：135-143.

[53] 芮红磊 . 中国近现代史纲要课程情境教学的几点思考 [J]. 长沙大学学报，2008，22（6）：144-145.

[54] 司冬梅 . 高校中国近现代史纲要课教师的定位与发展 [J]. 教育探索，2007（10）：93-94.

[55] 唐杰 . 史料教学法在中国近现代史纲要教学中的应用分析 [J]. 课程教育研究，2019（1）：27.

[56] 王进 .《中国近现代史纲要》研究性课堂构建 [J]. 文学教育（下），2020（12）：88-89.

[57] 王香莲 ."中国近现代史纲要"课落实立德树人路径研究——以贵州理工学院为例 [J]. 贵州农机化，2020（4）：54-56，61.

[58] 王晓霞，魏震 . 新时代"纲要"课专题教学的几点思考 [J]. 高教学刊，2020（8）：83-85.

[59] 王亚娟 ."纲要"课案例教学中案例选择原则分析 [J]. 法制与社会，2015（33）：229-230.

[60] 王长江，胡卫平，李卫东 ."翻转的"课堂：技术促进的教学 [J]. 电化教育研究，2013，34（8）：73-78，97.

[61] 魏光启，李继涛 .《中国近现代史纲要》教学中教师的再定位 [J]. 管理工程师，2014，19（2）：43-47.

[62] 吴德刚 . 做善于学习历史的马克思主义者——学习习近平总书记党史工作重要论述 [J]. 中共党史研究，2017（8）：5-14.

[63] 吴亚强 . 翻转课堂对提高中国近现代史纲要课程教学实效性的作用 [J]. 学园，2020，13（15）：50-51.

[64] 熊晓燕，张晓洪 . 以地方历史资源为载体，增强"纲要"课实践教学实效 [J]. 科技创新导报，2012（5）：172.

[65] 徐东亮 ."互联网＋"背景下高校"中国近现代史纲要"课育人价值及实现路径探讨 [J]. 中国民族博览，2020（24）：74-76.

[66] 薛秀兰 . 互联网＋下中国近现代史纲要的"微思政"教学改革方法 [J]. 北京印刷

学院学报，2018，26（4）：166-168.

[67] 杨凤城，谢春涛．以史鉴今 砥砺前行——习近平历史观述论 [J]. 毛泽东研究，2018（6）：13-21.

[68] 袁珠萍．新时代"纲要"课立德树人的路径及其现实意义 [J]. 文教资料，2020（1）：181-183.

[69] 张福运．《中国近现代史纲要》教材结构和内容安排的学术逻辑 [J]. 思想理论教育导刊，2020（2）：106-110.

[70] 张换敏．互联网时代高校"中国近现代史纲要"教学面临的新课题 [J]. 作家天地，2020（23）：97-98.

[71] 张平，刘春媛，张林琳，等．"传统课堂、翻转课堂、跨界课堂"在应用型本科院校的实践研究 [J]. 文教资料，2019（33）：170-171.

[72] 张树焕，王妍．案例教学法在"中国近现代史纲要"课中的运用探析 [J]. 思想教育研究，2015（11）：77-80.

[73] 张炜琪．地方史资源在《中国近现代史纲要》教学中的应用 [J]. 科技资讯，2019，17（34）：149-150.

[74] 张尧娉．史料教学法在中国近现代史纲要教学中的应用 [J]. 高教学刊，2018（9）：86-89.

[75] 张卓莉．提升"中国近现代史纲要"专题教学质量的思考与实践 [J]. 辽宁经济职业技术学院．辽宁经济管理干部学院学报，2020（1）：128-130.

[76] 赵海霞，吴春梅，吴丽娜．基于网络综合教学平台的"中国近现代史纲要"翻转课堂教学设计 [J]. 黑龙江教育（高教研究与评估），2018（10）：1-3.

[77] 赵璐．浅析案例教学法在《中国近现代史纲要》中的应用 [J]. 老区建设，2019（04）：93-96.

[78] 郑建锋．运用本土红色文化资源开展《中国近现代史纲要》课程实践教学的价值研究 [J]. 昌吉学院学报，2019（5）：44-48.

[79] 钟梦佳．《中国近现代史纲要》课程教学资源库建设研究 [J]. 现代交际，2020（2）：36-37.

[80] 周新文．红色文化融入高校思政课教学的思考——以黄冈红色文化为例 [J]. 黄冈职业技术学院学报，2020，22（1）：7-9.

[81] 朱小曼，余瑾．关于"中国近现代史纲要"课微信公众平台建设的思考 [J]. 科技风，2021（3）：83-84.

[82] 郑婕，张涛涛．立德树人视域下的高校思想政治教育策略探索 [J]. 产业与科技论

坛，2020，19（24）：95–97.

[83] 李和山，余世杰.论"纲要"教学对大学生"史识"的培养 [J]. 教育教学论坛，2020（46）：128–129.

[84] 张春晓.高校教师在课程思政建设中的主导作用 [J]. 社会主义论坛，2020（11）：52–53，48.

[85] 马东."互联网 +"下《中国近现代史纲要》课程的网络教学改革方法 [J]. 长江丛刊，2020（20）：122–123.

[86] 虞志坚.史料学视域下"中国近现代史纲要"课程教学的创新性探索 [J]. 山西档案，2019（1）：158–164.

[87] 邓齐飞."互联网 +"时代"纲要"课程教学模式研究和建设 [J]. 当代教育实践与教学研究，2017（6）：11，34.

[88] 彬彬，孔凡哲.立德树人视域下教师"四个引路人"的实践路径探析 [J]. 教育导刊，2020（5）：5–11.

[89] 肖圆，王瑶.提升高校教师立德树人能力的路径探析 [J]. 经济师，2020（5）：160–162.

[90] 赵建淦，马英.乐为、敢为、有为：思政课教师立德树人的几点思考 [J]. 领导科学论坛，2020（9）：85–88.

[91] 何军.高中历史运用史料立德树人的教育思考 [J]. 课程教育研究，2020（26）：205.

[92] 张莉.高校立德树人根本任务的实现路径研究 [D]. 南京：东南大学，2017.

[93] 陈爱香.高校思想政治理论课青年教师教学发展研究 [D]. 长沙：湖南大学，2019.

[94] 司潇敏.习近平关于立德树人重要论述及其高校实践研究 [D]. 济南：山东大学，2020.

[95] 谢玚.《中国近现代史纲要》实践教学研究 [D]. 哈尔滨：黑龙江大学，2016.

[96] 延雨霞.习近平关于"立德树人"思想政治教育重要论述研究 [D]. 西安：西安科技大学，2020.